food colour

# GREEN

© 2009 Tectum Publishers
Godefriduskaai 22
2000 Antwerp, Belgium
info@tectum.be
+ 32 3 226 66 73
www.tectum.be

ISBN: 978-907976-11-66
WD: 2009/9021/19
(67)

Idea and realization: LiberLab, Italy (www.liberlab.it)
Graphic project: Maya Kulta
Text: Giuliana Cagna
Photography: Fabrizio Esposito
Layout: gi.mac grafica, Italy (www.gimacgrafica.it)
Translations: Anna Carruthers (English), Viviane Babando (French), Roel Daamen (Dutch)

food colour

# GREEN

**Text**
Giuliana Cagna

**Photography**
Fabrizio Esposito

# Contents Sommaire *Inhoud*

True colours
De toutes les couleurs
*Ware kleuren* 8

Gorgeous green
Se gaver de vert
*Geweldig groen* 15

Artichokes
Artichaut
*Artisjok* 22

Basil
Basilic
*Basilicum* 24

Courgettes
Courgette
*Courgettes* 26

Kiwis
Kiwi
*Kiwi's* 28

Recipes
Recettes
*Recepten* 30

# f o o d   c o l o u r

The green of aromatic herbs and peas, of kiwi fruit and courgettes, is without a doubt the colour which has always symbolized the benevolence of the natural world, bursting forth in a flourish during its spring awakening. Green food products create a feeling of serenity and harmony, interior peace and well-being.

Le vert des herbes aromatiques ou des petits pois, des kiwis ou des courgettes est sans aucun doute la couleur qui appartient depuis toujours à la nature amie et bienveillante qui déploie, dans son réveil printanier, le maximum de sa splendeur. Une atmosphère de sérénité et de concorde, de paix intérieure et de bien-être, que nous pouvons tirer des produits de couleur verte.

*Het groen van aromatische kruiden en erwten, kiwi's en courgettes, is ongetwijfeld de meest representatieve kleur voor de natuur en de luister van haar ontwaken in de lente. Groene etenswaren wekken gevoelens op van sereniteit en harmonie, innerlijke vrede en welzijn.*

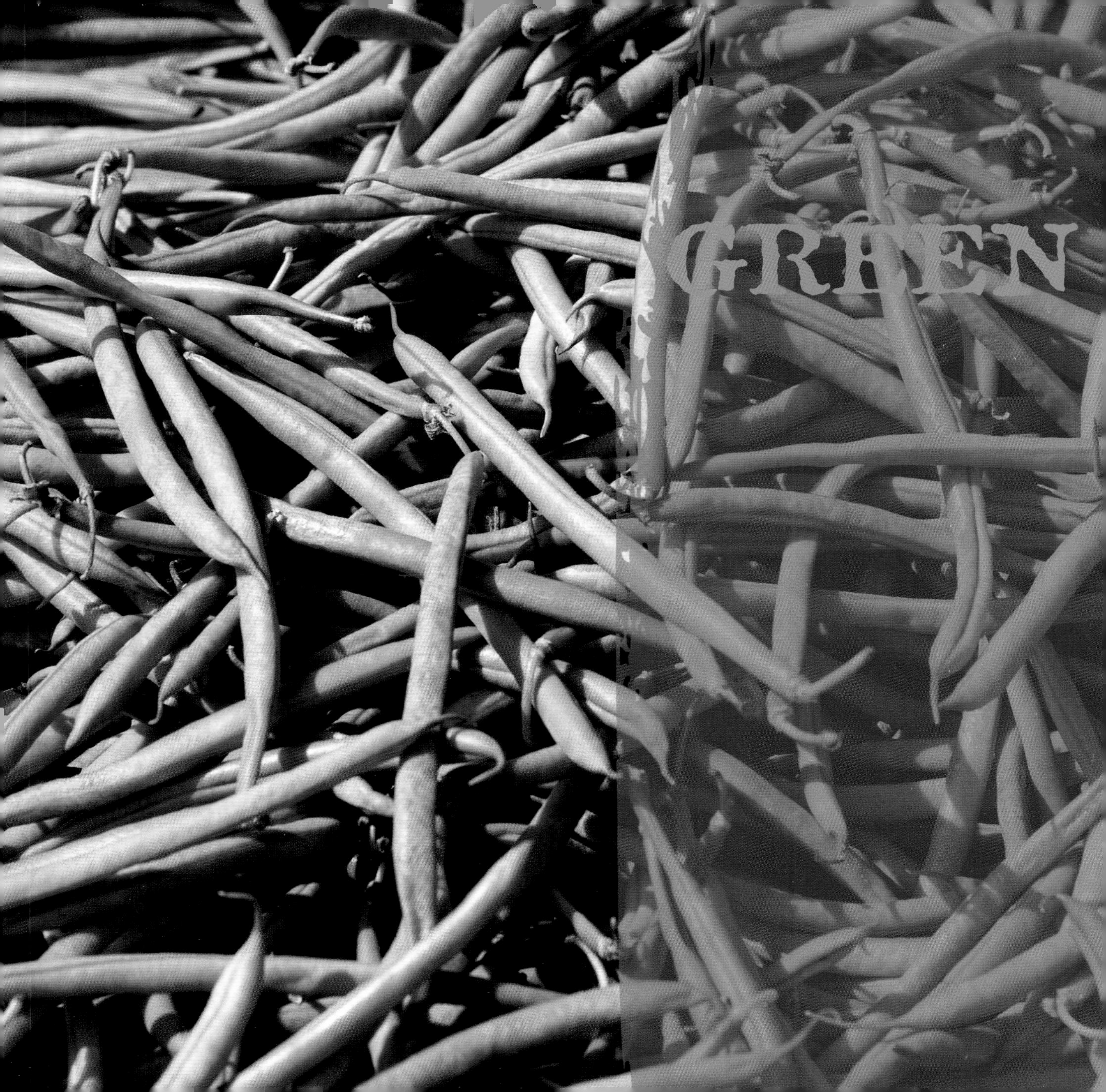
GREEN

# true colours

## de toutes les couleurs

## *ware kleuren*

Have you ever tried to create a menu based on colour? Try to imagine a green or red menu, or even a white or yellow/orange one. As well as guaranteed visual impact, the colours of food are the first tangible and visible sign that distinguishes one product from another in a different food group (meat, fruit, vegetables, cereals, etc.).

N'avez-vous jamais essayé de préparer un menu en utilisant comme fil conducteur une couleur? Essayez d'imaginer un menu vert plutôt que rouge, ou bien un menu blanc au lieu de jaune-orange. En plus d'obtenir un certain effet scénographique sur la table, les couleurs de la nourriture sont le premier signe tangible et visible qui distingue un produit par rapport à un autre, qui fait partie d'une catégorie d'aliments différente (viandes, fruits, légumes, céréales etc.).

*Heb je ooit geprobeerd om een menu samen te stellen op basis van kleur? Stel je voor, een groen of een rood menu, of zelfs wit of geel/oranje. Dat is niet alleen visueel oogstrelend; de kleur van ons eten is ook het eerste, meest directe signaal dat aangeeft tot welke voedselgroep bepaald eten behoort (vlees, fruit, groenten, granen, enz.).*

We should also remember that the colour in, and of, products, especially fresh produce, is not just an aesthetic, decorative feature, but also a source of well-being. This applies both physiologically, as many coloured foods are rich in health-giving substances, and psychologically, because it is now an established fact that the stimuli we receive come not only from our taste buds but also from our eyes.

A cela ajoutons le fait que la couleur des et dans les produits, en particulier celle des fruits et des légumes, n'est pas seulement un facteur chromatique et ornemental, mais aussi une source de bien-être. Bien-être aussi bien physiologique, (beaucoup d'aliments colorés sont riches de substances bénéfiques pour notre corps), que psychologique car il est désormais prouvé que les stimuli que nous recevons ne sont pas seulement ceux qui proviennent des papilles gustatives mais aussi ceux de nos pupilles.

*Daar komt nog bij dat de kleur van, en vooral ook in verse producten, niet alleen esthetisch of decoratief is, maar ook een bron van gezondheid. En dat niet alleen op fysiologisch gebied, aangezien veel gekleurde etenswaren rijk zijn aan gezonde bestanddelen, maar ook psychologisch, aangezien het vaststaat dat we niet alleen stimuli ontvangen middels onze smaakpapillen, maar ook via onze ogen.*

Dark blue foods like blueberries, for example, or grapes, are psychologically connected to happiness, while red is linked to activity, yellow to change and green to determination. And while we're on the subject of green, let's take a look at the characteristics of these products and their use in cooking.

Donc, par exemple, les produits alimentaires de couleur bleue foncée comme les myrtilles ou bien le raisin exprimeraient un sens psychologique lié à la joie, ceux qui sont rouges à l'activité, ceux qui sont jaunes au changement et ceux encore qui sont verts à la détermination. Et, à propos de vert, nous allons découvrir les caractéristiques de ces produits et leur emploi dans la cuisine.

*Donkerblauwe etenswaren, zoals bosbessen of druiven, zijn psychologisch verbonden met je gelukkig voelen, terwijl rood verbonden is met activiteit, geel met verandering, en groen met vastberadenheid. En nu we het toch over groen hebben, laten we eens kijken naar een paar van deze groene producten en hoe ze gebruikt kunnen worden in de keuken.*

# gorgeous green

## se gaver de vert
## *geweldig groen*

Green has always symbolized hope and rebirth, and is profoundly linked to nature and the environment (fields and forests, trees and hills). It is a colour connected with intrinsically positive values, linked in the mind's eye with the spring and the reawakening of nature after winter's hibernation.

Depuis toujours le vert est une couleur qui symbolise l'espoir, la renaissance, profondément lié comme il est à la nature et à l'environnement (prés, forêts, arbres, collines, etc.). C'est une couleur qui porte des valeurs absolument positives, qui s'identifie idéalement avec le printemps et donc avec le réveil naturel après la léthargie de l'hiver.

*Groen is sinds jaar en dag het symbool van hoop en wedergeboorte, en sterk verbonden met de natuur en onze omgeving (velden en bossen, bomen en heuvels). Het is een kleur die intrinsiek positieve waarden oproept, en die in onze gedachten altijd geassocieerd wordt met de lente en het ontwaken van de natuur na haar winterslaap.*

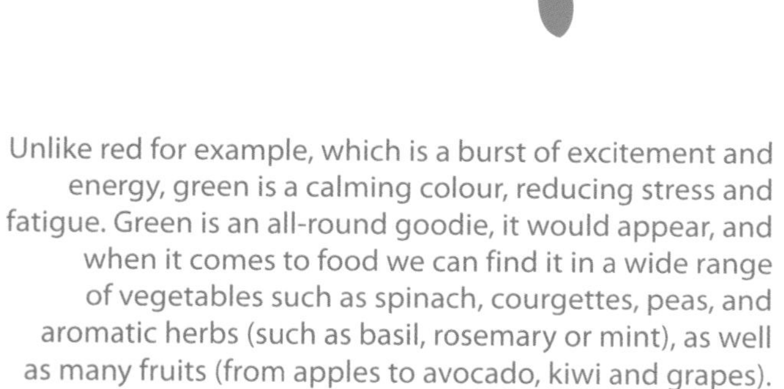

Unlike red for example, which is a burst of excitement and energy, green is a calming colour, reducing stress and fatigue. Green is an all-round goodie, it would appear, and when it comes to food we can find it in a wide range of vegetables such as spinach, courgettes, peas, and aromatic herbs (such as basil, rosemary or mint), as well as many fruits (from apples to avocado, kiwi and grapes).

En outre le vert, à la différence par exemple du rouge qui est certainement porteur d'excitation et d'énergie, est une couleur qui tranquillise, qui réduit le stress et la fatigue. Enfin bref, le vert est une vraie panacée : mais où trouvons-nous le vert dans la cuisine? Dans de nombreux produits, comme les épinards, les courgettes, les petits pois, les herbes aromatiques (par exemple le basilic, le romarin, la menthe), dans beaucoup de fruits (de la pomme à l'avocat, du kiwi au raisin).

*Anders dan bij rood, dat staat voor een uitbarsting van energie en opwinding, is groen een kalmerende kleur die stress en vermoeidheid verlicht. Groen is dan ook welhaast een ware weldaad voor onze gezondheid, die in ons eten terug is te vinden in vele verschillende producten, zoals spinazie, courgettes, erwten, aromatische kruiden (basilicum, rozemarijn of munt) en in veel fruit (van appels tot avocado's, van kiwi's tot druiven).*

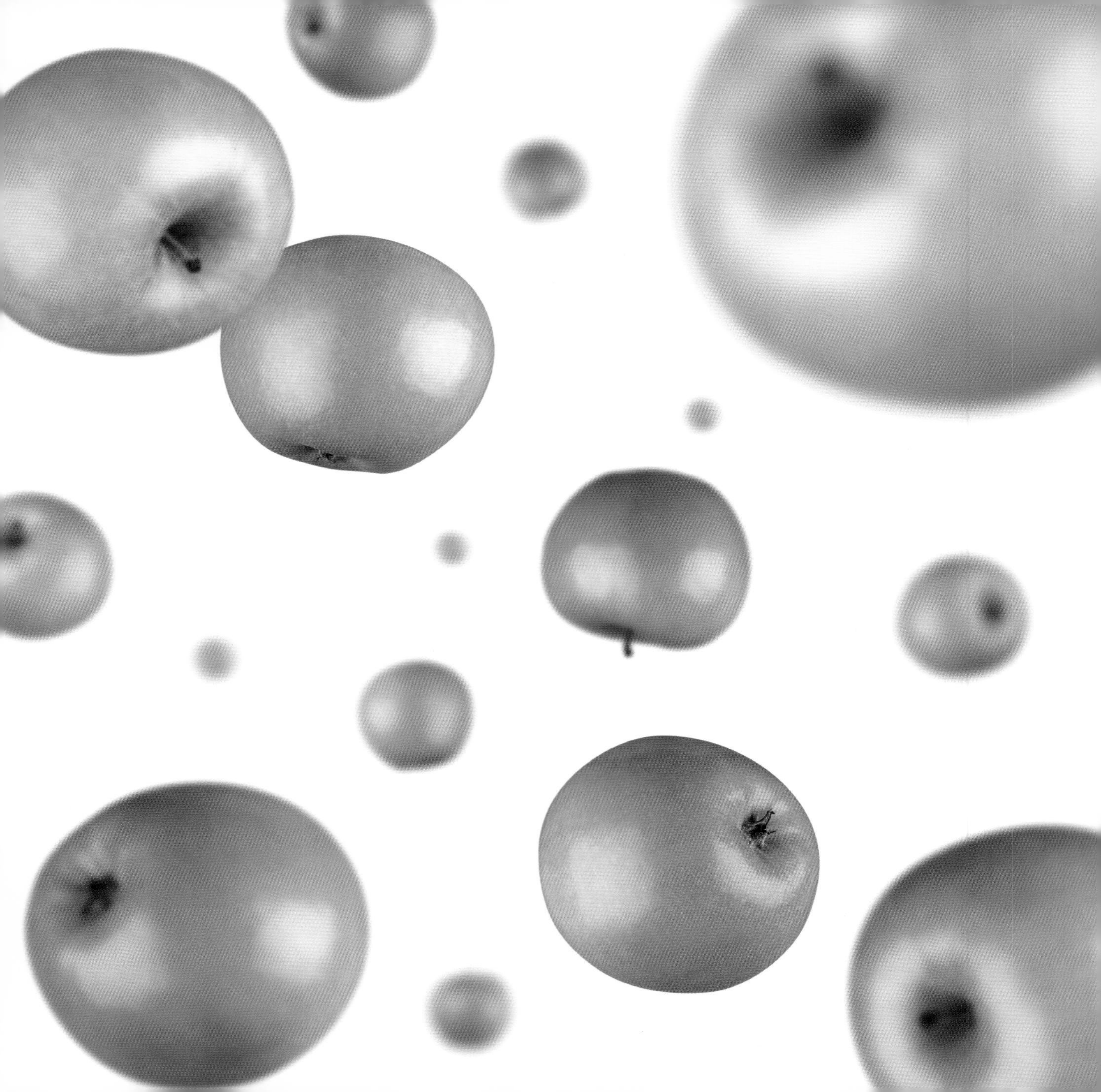

The green colour is due to beta-carotene, a precursor to vitamin A. Once in the body beta-carotene is partly transformed into vitamin A, which is known for its beneficial effects on the skin and eyesight. Though we usually associate beta-carotene with yellow or orange fruits and vegetables (apricots, peaches, carrots, pumpkins, etc.), many leafy vegetables such as spinach, broccoli and chicory are also rich in it.

Les responsables de la couleur verte dans la nourriture sont le bêta-carotène, qui est un précurseur de la vitamine A : quand il est assumé par l'organisme, le bêta-carotène est transformé en partie en vitamine A qui, comme nous le savons, est une substance utile pour la peau et la vue. On a l'habitude d'associer le bêta-carotène aux fruits et aux légumes de couleur jaune-orange (abricots, pêches, carottes, potiron, etc.), même si en réalité en sont riches certains légumes à feuille verte comme les épinards, les broccolis ou la chicorée.

*De groene kleur is toe te schrijven aan bètacaroteen, een voorloper van vitamine A. In het lichaam wordt bètacaroteen gedeeltelijk omgezet in vitamine A, wat goed is voor de huid en ons gezichtsvermogen. En alhoewel het meestal geassocieerd wordt met gele of oranje vruchten en groenten (abrikoos, perzik, wortel, pompoen, enz.), zijn ook bijvoorbeeld broccoli en veel bladgroenten zoals spinazie en witloof, rijk aan bètacaroteen.*

The other element present in green foods is chlorophyll, a pigment packed with nutritional goodness, and found in artichokes, lettuce, broccoli, kiwis and courgettes. As we know, chlorophyll plays a vital role in the plant life cycle, as it captures the sun's energy, and transforms it into the chemical substances that the plant needs by means of photosynthesis. So now let's take a look at the main characteristics of some of the best-known green products we might come across.

L'autre élément présent dans les produits de couleur verte est la chlorophylle, un pigment riche d'actions bénéfiques et présent dans les artichauts, dans la laitue, dans les broccolis, dans les kiwis, dans les courgettes. Comme il est connu la chlorophylle a un rôle fondamental dans la vie des végétaux, parce qu'elle capte l'énergie du soleil et, à travers la photosynthèse, elle la transforme en substances chimiques nécessaires pour la subsistance des plantes.
Bien, alors allons voir les caractéristiques principales de certains produits verts les plus connus que nous pouvons trouver sur les tables de chaque jour.

*Een ander element in groen eten is chlorofyl, een pigment dat boordevol goede voedingseigenschappen zit en dat aanwezig is in artisjok, sla, broccoli, kiwi en courgette. Chlorofyl speelt, zoals bekend, een belangrijke rol in de levenscyclus van planten, aangezien het verantwoordelijk is voor het opvangen van de energie van de zon die middels fotosynthese wordt omgevormd in de chemische stoffen die een plant nodig heeft. Laten we eens kijken naar de voornaamste eigenschappen van enkele veelvoorkomende groene etenswaren.*

# artichokes

## artichaut

*artisjok*

These are a much-loved vegetable, and can be eaten cooked or raw, with a drizzle of oil and a generous squeeze of lemon juice. To clean artichokes (with care!), remove the stalk and the outer leaves, then cut in half lengthwise and remove the inner fluff. It is a good idea to put them in water with lemon juice to stop them turning black. Artichokes are rich in iron, potassium, phosphorous and calcium, and very low in calories. They contain a substance called cynarine, which helps lower cholesterol, and they are appreciated for their detoxifying and digestive properties.

C'est un des légumes le plus apprécié en cuisine, aussi bien cuit que cru, avec un filet d'huile et quelques gouttes de citron. Pour le nettoyer (avec attention !) on élimine le pied et on l'effeuille, en enlevant les feuilles les plus externes. On le coupe en moitié dans le sens de la longueur et on élimine ce qu'on appelle le foin ; il est nécessaire de plonger la pulpe dans de l'eau avec du citron pour éviter qu'elle ne noircisse. L'artichaut est riche en fer, potassium, phosphore et calcium, et il est extrêmement hypocalorique.

*Dit is een zeer geliefde groente, die zowel gekookt als rauw gegeten kan worden, in het laatste geval met wat olijfolie en flink wat citroensap. Om artisjokken schoon te maken (zorgvuldig!) verwijder je eerst de steel en de buitenste bladeren, vervolgens snijd je de artisjok over de lengte in tweeën en verwijder je de pluizige haartjes binnenin. Leg de artisjokken in water met citroensap zodat ze niet zwart worden. Artisjokken zijn rijk aan ijzer, kalium, fosfor en calcium, en bevatten weinig calorieën. Ze bevatten bovendien een stof, cynarine genaamd, die cholesterolverlagend is, en ze worden gewaardeerd vanwege hun zuiverende werking en digestieve eigenschappen.*

# basil

## basilic

## *basilicum*

Characterized by a unique fragrance that evokes the coastal areas it grows in, basil is one of the best-loved, most versatile herbs. Indispensable on a tomato and mozzarella salad, it is a herb that goes beautifully with many vegetables, sauces and soups. It is also the key ingredient in that classic Italian condiment, *pesto*. Alongside basil, *pesto* contains oil, garlic, cheese and pine nuts, crushed together in a mortar and pestle to create a fairly coarse consistency. Naturally basil should always be eaten fresh, torn by hand rather than chopped with a knife to avoid it turning black on contact with the metal. When used in sauces it should never be cooked, simply added at the last minute.

Il se distingue par son parfum unique qui nous rapporte au territoire de la côte dont il est originaire, le basilic est une des plantes la plus appréciée et universelle en cuisine. Indispensable avec la tomate dans des plats classiques comme la Caprese, c'est un type d'herbe qui se marie avec beaucoup de légumes, sauces, soupes, etc. Il est le protagoniste absolu d'une des préparations la plus connue et appréciée de la cuisine italienne et c'est le pistou, un assaisonnement où, auprès du basilic, nous trouvons l'huile, l'ail, le fromage, les pignons, le tout travaillé soigneusement dans un mortier avec un pilon, jusqu'à obtenir un amalgame pas trop fin. Naturellement le basilic devrait être consommé frais, déchiqueté avec les mains et non avec un couteau pour éviter qu'il ne noircisse au contact avec la lame. Dans les sauces, il ne faut jamais le faire cuire mais toujours l'ajouter au dernier moment.

*Gekenmerkt door de unieke geur die beelden oproept van de kuststreken waar het groeit, is basilicum een van de meest geliefde en veelzijdige kruiden. Onmisbaar in tomaten-mozzarella salade, maar ook zeer geschikt voor veel groenten, sauzen en soepen. Het is ook het basisingrediënt van de klassieke Italiaanse pestosaus, dat naast basilicum nog olie, knoflook, kaas en pijnboompitten bevat die in een vijzel zijn fijngemalen tot een redelijk grove saus. Basilicum moet natuurlijk altijd vers worden gegeten, en liever met de hand in stukjes gescheurd dan gehakt met een mes zodat het niet verkleurt door contact met het metaal. Laat het ook nooit meekoken in sauzen, maar voeg het op het allerlaatste moment toe.*

# courgettes

## courgette
## *courgettes*

A close relative of the pumpkin (both belong to the cucurbit family) courgettes can vary in colour from dark to light green. A highly versatile vegetable, they can be used in a host of different ways (excellent cooked slowly and seasoned with herbs and a drizzle of oil, or in soups, or stuffed or soused). Courgettes are very low in calories (they contain a lot of water), but have a good level of potassium and vitamins E and C.

Etroitement liée avec le potiron (elles font partie toutes deux de la famille des cucurbitacées), la couleur de la peau de la courgette peut varier du vert foncé au vert clair. C'est un légume très universel en cuisine, parce qu'il se prête à différents emplois (délicieuse à l'étouffée et assaisonnée avec un filet d'huile et des herbes aromatiques, dans les minestrones ou les soupes, farcie, en matelote, etc.) La courgette est très pauvre en calories (elle contient beaucoup d'eau) alors qu'elle a un discret contenu de potassium, de vitamine E et C.

*De courgette is een familielid van de pompoen (beide behoren tot de cucurbita familie), en ze kunnen in kleur variëren van donker- tot lichtgroen. Als groente is de courgette zeer veelzijdig, en te verwerken op veel verschillende manieren (heerlijk langzaam gekookt met kruiden en wat olie, in soepen, gevuld of in het zuur). Courgettes bevatten weinig calorieën (ze bevatten veel water), maar hebben gezonde hoeveelheden kalium en vitamine E en C.*

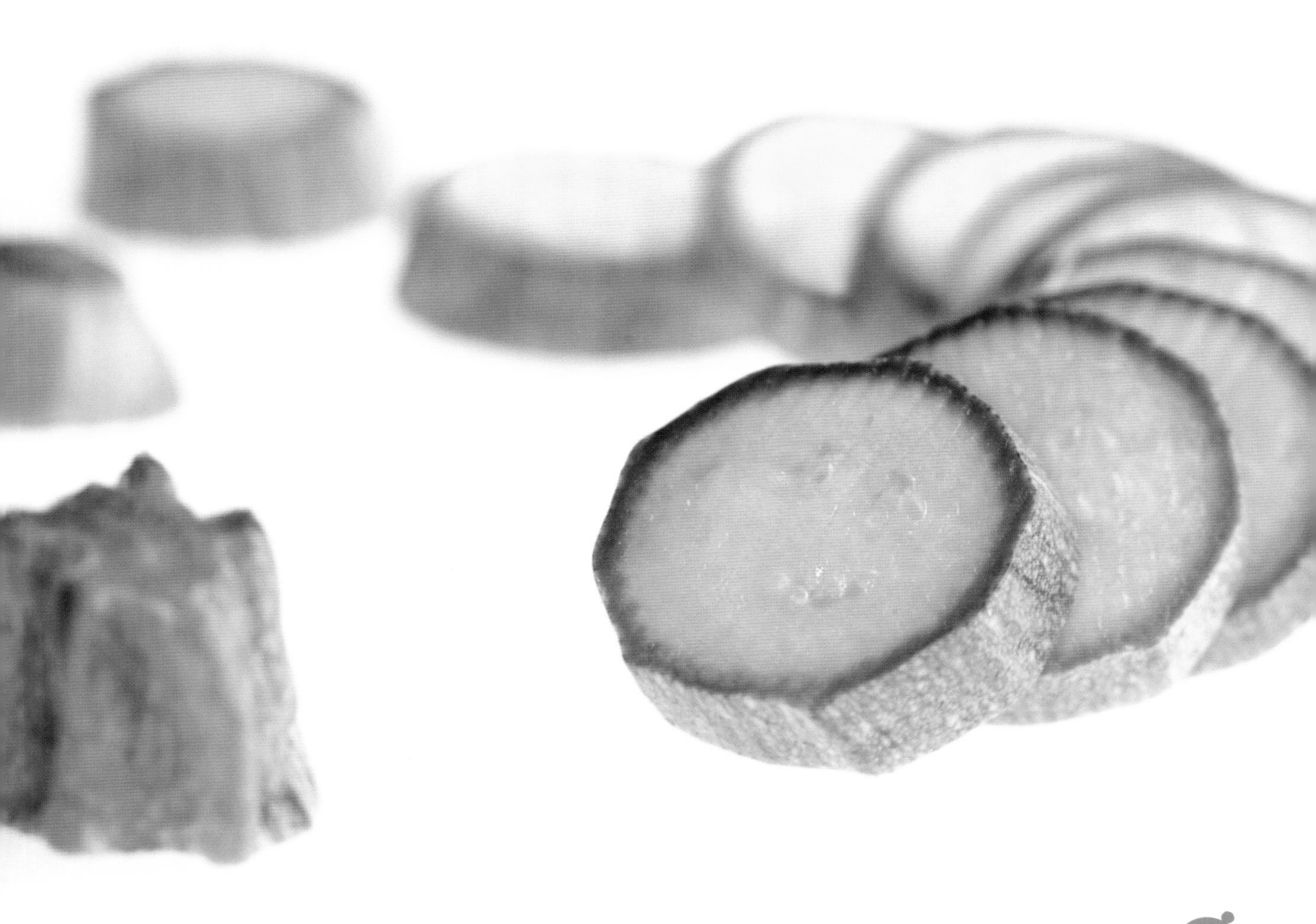

# kiwis

## kiwi

## *kiwi's*

From an aesthetic point of view there really are few fruits that can boast such a stunningly photogenic brilliant green colour. Beyond its visual aspect the kiwi is one of the fruits with the highest concentration of vitamin C (it contains more vitamin C than oranges or other citrus fruits). It is usually eaten raw, in fruit salad, or with icecream, or used as an ingredient in cakes and tarts. It has a characteristic, not overly sweet flavour, and a tangy aftertaste.

Les fruits qui peuvent se vanter d'avoir une pulpe si verte et brillante sont très rares, et cela rend le kiwi du point de vue chromatique et esthétique, particulièrement photogénique. Au-delà de son aspect visible, le kiwi est un des fruits le plus riche en vitamine C (sa quantité est supérieure à celle de l'orange et des autres agrumes). En cuisine on le consomme en général frais, dans la salade de fruits, avec la glace ou bien comme ingrédient pour les gâteaux et les tartes. Il a une saveur typique pas très sucré, mais avec un arrière goût acidulé.

*Vanuit een esthetisch oogpunt zijn er weinig vruchten die prat kunnen gaan op een zo sensationele en fotogenieke heldergroene kleur, maar naast het visuele aspect is de kiwi ook een van de vruchten met de hoogste concentratie vitamine C (een kiwi bevat meer vitamine C dan een sinaasappel of andere citrusvrucht). Kiwi's worden meestal rauw gegeten, in fruitsalades, met ijs, of als ingrediënt voor cake en taart. Ze hebben een karakteristieke, niet overmatig zoete smaak en een lichtzure nasmaak.*

recipes
recettes
recepten

# Pea soup

## Crème aux petits pois. *Erwtensoep*

Difficulty

Time: 55 minutes

**300 g frozen peas, 1 shallot, 1 l vegetable stock, 1 boiled potato, extra virgin olive oil, 4 slices of bread, 100 g Parmesan cheese shavings, salt, pepper**
Fry the chopped shallot in a little oil, add the stock and bring to the boil. Then pour in the peas, still frozen, and cook for around 20 minutes. In the meantime cut the bread into cubes and toast it in a hot oven. Blend the pea soup with the potato, put back on the heat and let it thicken till the desired consistency is reached. Season with salt and pepper, drizzle a little oil on top and serve with the croutons and cheese shavings.

**300 g de petits pois surgelés, 1 échalote, 1 l de bouillon végétal, une pomme de terre bouillie, de l'huile d'olive extra-vierge, 4 tranches de pain de mie, 100 g de copeaux de fromage parmesan, du sel, du poivre**
Dans une casserole faites revenir l'échalote hachée dans un peu d'huile, ajoutez le bouillon et portez à ébullition ; versez maintenant les petits pois encore surgelés et faites cuire pendant environ 20 minutes. Entre temps coupez le pain en cubes et faites-le toaster au four chaud. Passez au mixer la purée de petits pois et la pomme de terre, remettez sur le feu et faites épaissir jusqu'à ce que vous obteniez la consistance désirée. Réglez de sel et de poivre assaisonnez avec un filet d'huile et servez avec les croûtons de pain et les copeaux de fromage.

***300 gr diepvrieserwten, 1 sjalot, 1 l groentebouillon, 1 gekookte aardappel, extravergine olijfolie, 4 sneden brood, 100 gr geschaafde Parmezaanse kaas, zout, peper***
*Bak de gehakte sjalot in een beetje olie, voeg de bouillon toe en breng het geheel aan de kook. Gooi dan de nog bevroren erwten erbij en laat ongeveer 20 minuten koken. Snijd in de tussentijd het brood in blokjes en toast deze in een hete oven. Meng de soep met de aardappel in een blender en zet ze weer op het vuur om ze naar wens te laten indikken. Voeg zout en peper toe naar smaak, sprenkel wat olie erover en dien op met de croutons en de geschaafde kaas.*

# Ricotta ramekins with basil sauce

## Petits flans de ricotta à la sauce au basilic. *Ricotta in basilicumsaus uit de oven*

Difficulty Time: 25 minutes

**500 g *ricotta*, 1 egg, 25 basil leaves, 20 g pine nuts, nutmeg, butter, 50 ml extra virgin olive oil, salt, pepper**
Sieve the *ricotta* into a bowl, and mix with the egg, a grating of nutmeg, a pinch of salt and some freshly ground pepper. Butter 6 ramekins and divide the mixture between them, pressing down gently. Put the ramekins into an oven dish containing hot but not boiling water. In the meantime prepare the sauce: blend the basil leaves with the oil and half of the pine nuts. Turn the *ricotta* moulds out onto a plate, serve with the basil sauce and decorate with the remaining pine nuts.

**500 g de *ricotta*, 1 œuf, 25 feuilles de basilic, 20 g de pignons, de la noix de muscade, du beurre, 50 ml d'huile d'olive extra-vierge, du sel, du poivre**
Tamisez la *ricotta* dans une coupelle, travaillez-la avec l'œuf, un voile de noix de muscade, une pincée de sel et un peu de poivre. Beurrez 6 petits moules à crème caramel ; subdivisez la préparation dans les moules, en pressant légèrement le contenu. Mettez-les dans un plat à four contenant de l'eau bouillante, mais non en ébullition. Préparez entre temps la sauce : passez au mixer les feuilles de basilic avec l'huile et la moitié des pignons. Retournez les petits flans sur un plat, servez-les avec la sauce au basilic et décorez avec les pignons restants.

***500 gr* ricotta*, 1 ei, 25 basilicumblaadjes, 20 gr pijnboompitten, nootmuskaat, boter, 50 ml extravergine olijfolie, zout, peper***
*Pers de* ricotta *door een zeef in een kom en meng het ei, de geraspte nootmuskaat, een snufje zout en wat versgemalen peper erdoor. Boter 6 amusekommetjes in en verdeel hierover het mengsel, licht aandrukkend. Plaats de kommetjes in een ovenschotel met daarin heet, maar niet kokend, water. Bereid ondertussen de saus voor door de basilicumblaadjes met de olie en de helft van de pijnboompitten in de blender te mengen. Draai de ricottakommetjes om boven het bord, en serveer met de basilicumsaus en de resterende pijnboompitten als decoratie.*

# Mojito

## Mojito. *Mojito*

Difficulty

Time: 10 minutes

**400 ml rum, the juice of 3 limes, 70 g demerara sugar, 30 fresh mint leaves, soda water.**
**To garnish: 1 lime, 4 sprigs of *yerba buena***
Put the washed and dried mint leaves into tall glasses, along with the demerara sugar. Use a pestle to crush everything together, then add the lime juice and crush again for a few seconds. Add some crushed ice, the rum, and top up with soda. Mix with a circular motion and garnish with a sprig of *yerba buena* and slices of lime to serve.

**400 ml de rhum, le jus de trois citrons verts, 70 g de sucre brut de canne, 30 feuilles de menthe fraiche, du soda.**
**Pour décorer : un citron vert, 4 brins de *yerba buena***
Dans des verres à long drink posez les feuilles de menthe, lavées et essuyées, et le sucre de canne. Avec un pilon écrasez le tout contre le fond des verres, ajoutez le jus des citrons verts et pilez encore pour quelques secondes, puis ajoutez des glaçons pilés, le rhum et complétez avec le soda. Mélangez en tournant et servez en décorant avec un brin de *yerba buena* et des rondelles de citrons verts.

***400 ml rum, het sap van 3 limoenen, 70 gr ruwe rietsuiker, 30 verse muntblaadjes, sodawater.***
***Voor de garnering: 1 limoen, 4 takjes* yerba buena**
*Plaats de gewassen en gedroogde muntblaadjes in hoge glazen, samen met de suiker.*
*Maal met een vijzelstamper alles fijn op de bodem van het glas, voeg dan het limoensap toe en maal nog een paar seconden. Voeg wat gemalen ijs en de rum toe, en vul op met het sodawater. Mix met een draaiende beweging en garneer voor het opdienen met een takje* yerba buena *en schijfjes limoen.*

# Cucumber boats with feta

## Barquettes de concombre avec feta. *Komkommerschuitjes met feta*

Difficulty  Time: 35 minutes

**3 large cucumbers, 250 g *feta* cheese, 100 g pitted green olives, 1 bunch of basil, 50 g pine nuts, extra virgin olive oil, salt and pepper**
Peel the cucumbers, leaving a few strips of green skin, then cut into lengths of around 8 cm, and cut these in half and hollow them out. Roughly chop the pine nuts and mix with the crumbled *feta*, a few chopped basil leaves and the chopped olives. Blend the remaining basil leaves with a little oil to create a fairly dense, creamy sauce, and season with salt and pepper. Fill the cucumber halves with the *feta* and olive mixture, dress with the basil sauce, drizzle with a few drops of oil and serve cold.

**3 gros concombres, 250 g de fromage *feta*, 100 g d'olives vertes dénoyautées, 1 bouquet de basilic, 50 g de pignons, de l'huile d'olive extra-vierge, du sel, du poivre**
Epluchez les concombres en laissant quelques bandes de peau vertes, coupez-les en tranches d'environ 8 cm de long, divisez-les en deux et creusez-les en barquettes. Hachez grossièrement les pignons, mélangez-les avec la *feta* émiettée, quelques feuilles de basilic hachées et les olives coupées en petits morceaux. Passez au mixer les feuilles de basilic restantes avec un peu d'huile, jusqu'à obtenir une crème plutôt dense, réglez de sel et de poivre. Farcissez les barquettes avec le mélange de *feta* et olives, saucez avec la crème de basilic, complétez avec quelques gouttes d'huile et servez-les froides.

***3 grote komkommers, 250 gr fetakaas, 100 gr ontpitte groene olijven, 1 bosje basilicum, 50 gr pijnboompitten, extravergine olijfolie, zout en peper***
*Schil de komkommers, maar laat een paar streepjes groen vel, snijd ze in stukken van ongeveer 8 cm, snijd deze doormidden en hol de helften uit. Hak de pijnboompitten grof en meng ze met de verkruimelde fetakaas, een paar gehakte basilicumblaadjes en de gehakte olijven.*
*Doe de overgebleven basilicumblaadjes in een blender met wat olie om zo een redelijk stevige, romige saus te maken, en breng deze op smaak met zout en peper. Vul de komkommers met het olijven-feta-mengsel, versier met de basilicumsaus, sprenkel er wat olijfolie overheen en serveer koel.*

# Cherry tomatoes with artichokes

## Tomates cerises avec artichauts. *Kerstomaat met artisjokken*

Difficulty

Time: 65 minutes

**500 g cherry tomatoes, 1 kg artichokes, 3 shallots, 1/2 l vegetable stock, extra virgin olive oil, 1 bunch fresh mint, salt, pepper**
Lightly fry the chopped shallot in a little oil, and add the artichokes after cleaning them, removing the inner part and slicing them. Toss with the onions, season with salt and pepper, add a little stock and cook. Then cool the artichokes and blend them with the mint, adding a little oil if necessary to obtain a smooth, creamy consistency. Slice the top off each tomato and hollow out with a spoon. Fill the tomatoes with the filling, replace the tops and serve.

**500 g de tomates cerises, 1 kg d'artichauts, 3 échalotes, 1/2 l de bouillon végétal, de l'huile d'olive extra-vierge, 1 bouquet de menthe fraîche, du sel, du poivre**
Faites revenir l'échalote hachée dans un peu d'huile, ajoutez les artichauts nettoyés, privés de la partie interne et coupés en tranches fines, faites prendre de la saveur, salez, poivrez, mouillez avec un peu de bouillon et laissez cuire. Faites refroidir les artichauts et passez-les au mixer avec la menthe, en ajoutant, si nécessaire, un peu d'huile jusqu'à obtenir une crème uniforme. Coupez la petite calotte des tomates et videz-les avec une cuillère. Farcissez les tomates avec la crème, complétez avec les petites calottes que vous aviez mises de côté et servez.

***500 gr kerstomaatjes, 1 kg artisjokken, 3 sjalotten, 1/2 l groentebouillon, extravergine olijfolie, 1 bosje verse munt, zout, peper***
*Bak de fijngehakte sjalotten licht in een beetje olie. Maak de artisjokken schoon, verwijder de kern, snijd ze in dunne plakken en voeg ze toe aan de sjalot. Breng alles op smaak met zout en peper en laat het vervolgens koken met een beetje toegevoegde bouillon. Laat de artisjokken afkoelen en doe ze in de blender samen met de munt, voeg eventueel wat olie toe zodat er een romige crème ontstaat. Snijd het topje van de tomaten en hol ze uit met een lepel. Vul de tomaten vervolgens met de vulling, leg het topje er weer op en dien op.*

# Courgette boats

## Barquettes de courgettes. *Courgetteschuitjes*

Difficulty  Time: 50 minutes

**6 courgettes, 50 g *mortadella* ham, 40 g macaroons, 1 egg, 50 g grated Parmesan cheese, 30 g breadcrumbs, parsley, butter, salt, pepper**
Blanch the courgettes in salted water, cut them in half and scoop out the flesh. Sauté the flesh in a little butter. Season with salt and pepper then blend, adding the *mortadella* and crushed macaroons. Add the egg, the cheese and the chopped parsley, and use this mixture to fill the courgette halves. Mix the breadcrumbs with a little cheese and sprinkle over the courgettes, topping with a knob of butter. Place in a pre-heated oven at 180° C for around 15 minutes.

**6 courgettes, 50 g de mortadelle, 40 g de macarons, 1 œuf, 50 g de fromage parmesan râpé, 30 g de chapelure, du persil, du beurre, du sel, du poivre**
Ebouillantez les courgettes dans l'eau salée, coupez-les en deux et vides-les délicatement et réservez la partie intérieure, que vous passerez dans une poêle avec du beurre pour lui donner de la saveur. Salez, poivrez et passez au mixer, en ajoutant la mortadelle et les macarons émiettés. Incorporez l'œuf, le parmesan et du persil haché et, avec le mélange obtenu, farcissez les barquettes de courgettes. Saupoudrez avec la chapelure mélangée avec un peu de parmesan et complétez avec une noix de beurre. Passez au four réchauffé à 180° C pendant 15 minutes environ.

***6 courgettes, 50 gr* mortadella*, 40 gr amarettokoekjes, 1 ei, 50 gr geraspte Parmezaanse kaas, 30 gr broodkruimels, peterselie, boter, zout, peper***
*Blancheer de courgettes in gezout water en snijd ze in de lengte doormidden. Hol ze uit en sauteer de eruitgeschepte groentepulp in een beetje boter. Breng op smaak met zout en peper en doe het vervolgens in de blender, samen met de* mortadella *en de verkruimelde amarettokoekjes. Voeg het ei, de Parmezaanse kaas en de gehakte peterselie toe, en vul de courgettehelften met dit mengsel. Mix de broodkruimels met wat Parmezaanse kaas en sprenkel dit over de courgettes; maak af met een klontje boter. Zet de courgettes ongeveer 15 minuten in een op 180° C voorverwarmde oven.*

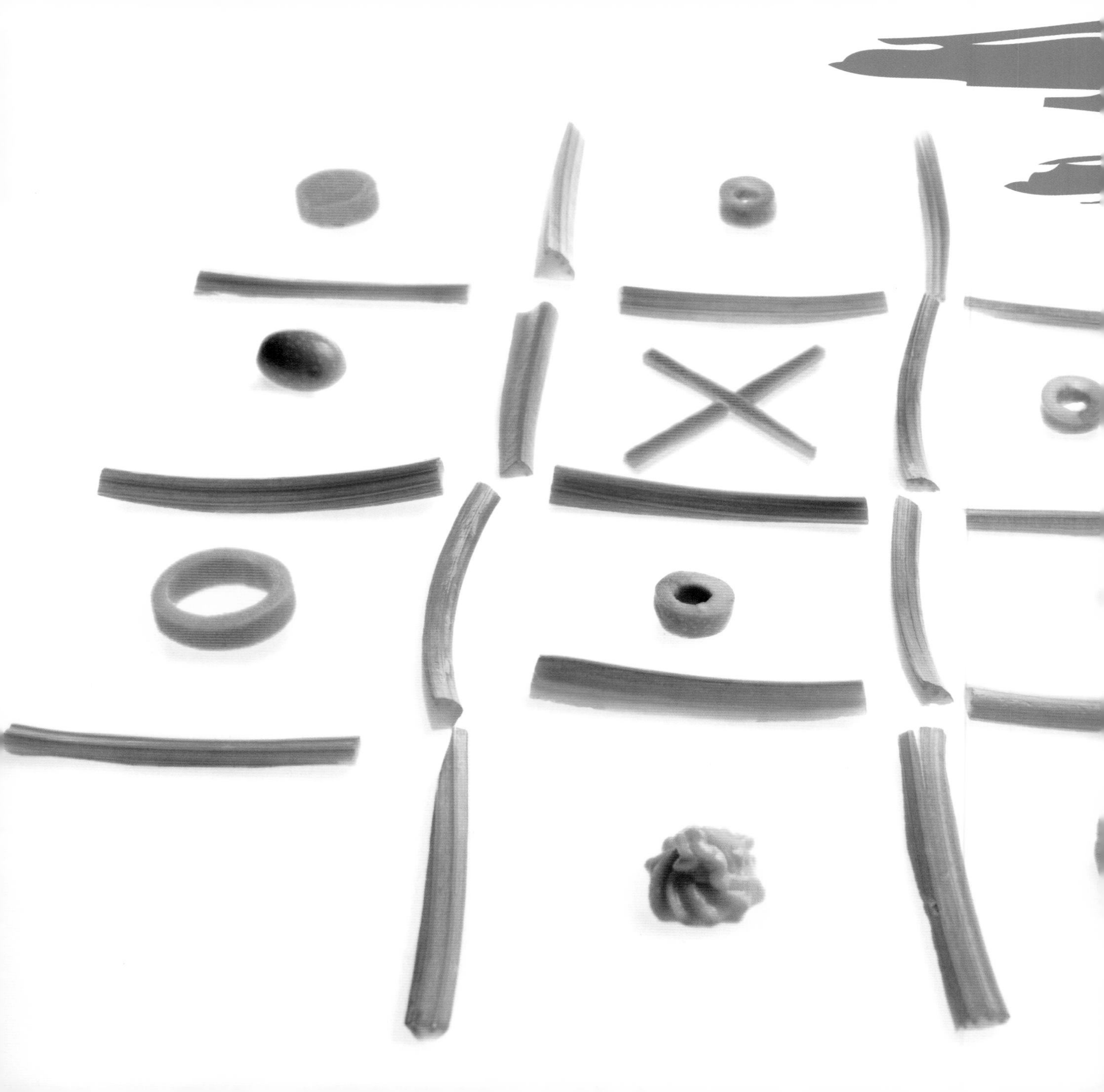

# Celery salad in a mustard dressing

## Salade de céleri à la moutarde. *Selderijsalade met mosterddressing*

Difficulty

Time: 25 minutes

**400 g green celery, 2 carrots, 60 g green olives, 2 spoons mustard, the juice of 1/2 lemon, 2 hard boiled eggs, extra virgin olive oil, salt, pepper**
Cut the celery into 3-4 cm pieces and slice the carrots into rounds. Blanch both in salted water, making sure they stay crunchy. In a bowl crumble the yolks of the hard boiled eggs, add the mustard and blend with the lemon juice and oil, to create a sort of mayonnaise. Put the cooled celery and carrots, together with the olives, into a salad bowl, add the dressing, season with salt and pepper and serve.

**400 g de céleri vert, 2 carottes, 60 g d'olives vertes, 2 cuillères de moutarde, le jus d'un 1/2 citron, 2 œufs durs, de l'huile d'olive extra-vierge, du sel, du poivre**
Coupez le céleri en petits bâtons de 3-4 cm de longueur et les carottes en rondelles, faites-les ébouillanter dans de l'eau salée, en les maintenant croquants. Dans une coupelle émiettez les jaunes d'œufs durs, unissez la moutarde et délayez avec le jus de citron et l'huile, de façon à obtenir une sauce genre mayonnaise. Dans un saladier mélangez le céleri et les carottes froids avec les olives, assaisonnez avec la sauce, réglez de sel et de poivre et servez.

***400 gr groene selderij, 2 wortels, 60 gr groene olijven, 2 lepels mosterd, het sap van 1/2 citroen, 2 hardgekookte eieren, extravergine olijfolie, zout, peper***
*Snijd de selderij in stukken van 3-4 cm en de wortel in plakjes. Blancheer beide in gezout water, maar let erop dat ze knapperig blijven. Verkruimel in een kom de dooiers van de hardgekookte eieren, voeg de mosterd toe en doe dit samen met het citroensap en de olie in de blender om zo een soort van mayonaise te maken. Schep de afgekoelde selderij en wortel in een slakom samen met de olijven, voeg de dressing toe, breng op smaak met zout en peper en serveer.*

# Tabouleh

## Tabuleh. *Tabouleh*

Difficulty  Time: 70 minutes

**300 g *bulğur* wheat , 6 cherry tomatoes, 1 onion, 1 cucumber, parsley, mint, the juice of 1 lemon, 1 teaspoon powdered cumin, 1 teaspoon powdered coriander, 20 ml extra virgin olive oil**
Rinse the *bulğur* wheat and cook it following the instructions on the packet. Wash and dice the tomatoes, thinly slice the onion, peel and dice the cucumber. When the *bulğur* wheat is ready, put it in a bowl and mix in the tomatoes, onion and cucumber, then add a generous helping of chopped mint and parsley, the lemon juice and the spices. Dress with the oil, mix again and chill for an hour before serving.

**300 g de *bulğur*, 6 petites tomates, 1 oignon, 1 concombre, du persil, de la menthe, le jus d'un citron, 1 petite cuillère de cumin en poudre, 1 cuillère de coriandre en poudre, 20 ml d'huile d'olive extra-vierge**
Rincez le *bulğur* et préparez-le en suivant les instructions de la confection. Lavez et coupez en cubes les tomates, épluchez et coupez finement l'oignon, épluchez et coupez en cubes le concombre. Quand le *bulğur* sera prêt, versez-le dans une terrine, mélangez-y les tomates, l'oignon et le concombre, ajoutez abondamment de la menthe et du persil ciselés, le jus d'un citron et les épices. Assaisonnez avec l'huile, mélangez à nouveau et puis laissez le tabuleh au frais pendant une heure avant de servir.

***300 gr* bulğur*, 6 kerstomaatjes, 1 ui, 1 komkommer, peterselie, munt, het sap van 1 citroen, 1 theelepel komijnpoeder, 1 theelepel korianderpoeder, 20 ml extravergine olijfolie***
*Was de* bulğur *en kook hem volgens de instructies op de verpakking. Was de tomaten en snijd ze in blokjes, snijd de ui in dunne plakjes, schil de komkommer en snijd hem in dobbelsteentjes. Schep de gekookte* bulğur *in een kom, meng de tomaten, uien en komkommer erdoor, en voeg vervolgens flink wat gehakte munt en peterselie toe, samen met het citroensap en de kruiden. Op smaak brengen met olie, nog eens goed mengen en voor het opdienen een uur in de koelkast zetten.*

# Chilled pepper and avocado mousse

## Mousse glacée de poivrons et avocats. *Bevroren paprika-avocado mousse*

Difficulty

Time: 35 minutes

**2 mature avocados, 2 spring onions, 2 green peppers, 1 l vegetable stock, mint, parsley, extra virgin olive oil, salt, pepper**
Lightly fry the spring onions, add the hot stock and simmer for a couple of minutes. Dice the avocados and peppers and add them to the stock. Blend with the parsley and a few mint leaves to create a smooth, thick consistency. Leave in the fridge for at least 3 hours then serve chilled.

**2 avocats mûrs, 2 petits oignons, 2 poivrons verts, 1 l de bouillon végétal, de la menthe, du persil, de l'huile d'olive extra-vierge, du sel, du poivre**
Dans une casserole faites rissoler dans un peu d'huile les petits oignons, ajoutez le bouillon chaud et faites bouillir légèrement pendant une paire de minutes. Coupez l'avocat et le poivron en cubes et ajoutez-les au bouillon. Passez le tout au mixer avec le persil et quelques feuilles de menthe, jusqu'à obtenir une crème lisse et dense. Laissez reposer au réfrigérateur pendant au moins 3 heures. Servez bien froid.

***2 rijpe avocado's, 2 lente-uitjes, 2 groene paprika's, 1 l groentebouillon, munt, peterselie, extravergine olijfolie, zout, peper***
*Fruit de lente-uitjes licht, voeg de hete bouillon toe en laat een paar minuten sudderen. Snijd de avocado's en de paprika's in blokjes en voeg ze bij de bouillon. Doe dit alles in de blender samen met de peterselie en enkele muntblaadjes om zo een gladde romige soep te maken. Zet minstens drie uren in de koelkast en dien koud op.*

# Pennette pasta with courgettes

## Pennette aux courgettes. *Pennette-pasta met courgettes*

Difficulty  Time: 25 minutes

**400 g *pennette* pasta, 400 g courgettes, 1 sachet of saffron, 1 teaspoon curry powder, 2 teaspoons coriander, 2 teaspoons cumin, extra virgin olive oil, salt, pepper**
Slice the courgettes into rounds, then in a big pan heat the oil with the curry powder, cumin and coriander, before adding the courgettes. Lightly cook the courgettes, keeping them crunchy. Boil the pasta in abundant salted water, with the addition of the saffron, drain it and toss it rapidly with the courgettes. Garnish with coriander leaves or parsley and serve.

**400 g de pâtes *pennette*, 400 g de courgettes, 1 sachet de safran, 1 cuillère de curry, 2 petites cuillères de coriandre, 2 petites cuillères de cumin, de l'huile d'olive extra-vierge, du sel, du poivre**
Coupez les courgettes en rondelles et, dans une grande poêle, faites chauffer l'huile avec le curry, le cumin et la coriandre, puis ajoutez les courgettes et faites-les cuire en les maintenant croquantes. Faites bouillir les pâtes dans de l'abondante eau salée et parfumée avec le safran, égouttez-la et faites-la sauter rapidement avec les courgettes. Décorez selon votre goût avec des feuilles de coriandre ou du persil et servez.

***400 gr pennette-pasta, 400 gr courgettes, 1 zakje saffraan, 1 theelepel kerriepoeder, 2 theelepels koriander, 2 theelepels komijn, extravergine olijfolie, zout, peper***
*Snijd de courgettes in plakjes, verwarm in een grote pan de olie met het kerriepoeder, de komijn en de koriander en voeg dan de courgettes toe. Bak de courgetteschijfjes licht, ervoor zorgend dat ze knapperig blijven. Kook de pasta in overvloedig gezout water met daarin de saffraan, giet af en schep het snel door de courgettes. Garneer met korianderblad of peterselie en dien op.*

# Fava bean puree

## Purée aux fèves. *Tuinbonenpuree*

Difficulty

Time: 55 minutes

**300 g shelled fresh fava beans, 500 ml vegetable stock, 250 g *ricotta*, 1 leek, 100 g grated Pamesan cheese, 30 g marjoram, extra virgin olive oil, salt, pepper**
Lightly fry the finely chopped leek in 2 spoonfuls of oil, add the beans and fry together for around 2 minutes. Add the hot stock, turn down the heat and cook for 20 minutes. Remove from the heat and blend to create a creamy consistency. In a bowl mix the *ricotta* with the Parmesan cheese and the chopped marjoram. Pour the puree into 4 bowls and top with a ball of *ricotta* and a drizzle of oil, and, if you like, some croutons.

**300 g de fèves fraîches écossées, 500 ml de bouillon végétal, 250 g de *ricotta*, 1 poireau, 100 g de fromage parmesan râpé, 30 g de marjolaine, de l'huile d'olive extra-vierge, du sel, du poivre**
Faites revenir dans 2 cuillères d'huile le poireau haché finement, ajoutez les fèves, faites prendre de la saveur à feu vif pendant 2 minutes environ, ajoutez le bouillon chaud, baissez la flamme et laissez cuire pendant encore 20 minutes. Enlevez du feu et passez au mixer, de façon à obtenir une crème homogène. Dans un bol amalgamez la *ricotta* avec le fromage parmesan et la marjolaine hachée. Distribuez la crème dans 4 coupelles, complétez avec une petite boule de *ricotta*, un filet d'huile cru et, si vous le désirez, des croûtons de pain.

***300 gr verse gedopte tuinbonen, 500 ml groentebouillon, 250 gr* ricotta*, 1 prei, 100 gr geraspte Parmezaanse kaas, 30 gr majoraan, extravergine olijfolie, zout, peper***
*Bak de fijngehakte peterselie licht in 2 lepels olie, voeg de bonen toe en bak alles voor ongeveer 2 minuten. Voeg de hete bouillon toe, zet het vuur lager en laat het 20 minuten koken. Haal de pan van het vuur en doe de soep in de blender om deze glad en romig te maken. Mix in een kom de* ricotta *met de Parmezaanse kaas en de gehakte majoraan. Schep de puree in 4 kommen en leg er voorzichtig een balletje* ricotta *in. Besprenkel met olijfolie en, indien gewenst, wat croutons.*

# Barley with spring vegetables

## Orge aux parfums de printemps. *Parelgerst met lentegroentjes*

Difficulty Time: 60 minutes

**350 g pearl barley, 2 leeks, 600 g fresh spinach, 70 g chopped mixed herbs, 200 ml white wine, 2 l vegetable stock, 100 ml natural yoghurt , 3 spoons extra virgin olive oil, salt, pepper**
Heat the oil and gently fry the chopped leeks, then add the barley and toast it. Pour in the wine and cover with hot stock. Use the same cooking procedure as a risotto, gradually adding stock. After around 30 minutes, when almost cooked, add the herbs and half of the spinach, mix well, remove from the heat and mix in the yoghurt . Line some moulds with the remaining spinach leaves, fill with the barley, press down firmly then turn out onto the plates and serve.

**350 g d'orge perlé, 2 poireaux, 600 g d'épinards frais, 70 g d'herbes aromatiques hachées, 200 ml de vin blanc, 2 l de bouillon végétal, 100 ml de yaourt naturel, 3 cuillères d'huile d'olive extra-vierge, du sel, du poivre**
Dans une casserole faites chauffer l'huile, faites revenir les poireaux hachés finement, ajoutez l'orge, faites-le toaster, versez le vin blanc et faites évaporez, couvrez avec le bouillon chaud. Procédez ensuite à la cuisson comme pour un risotto, en ajoutant graduellement le bouillon. Après environ 30 minutes, quand la cuisson sera presque terminée, ajoutez les herbes et la moitié des épinards, mélangez bien, enlevez du feu et travaillez avec le yaourt. Tapissez des petits moules d'une portion avec les épinards restants, remplissez-les avec l'orge, retournez-les sur les assiettes et servez.

***350 gr parelgerst, 2 stuks prei, 600 gr verse spinazie, 70 gr gehakte gemengde kruiden, 200 ml witte wijn, 2 l groentebouillon, 100 ml natuuryoghurt, 3 lepels extravergine olijfolie, zout, peper***
*Verhit de olie en bak de gehakte prei, voeg dan de gerst toe en bak deze mee. Schenk de wijn erbij en vul op met hete bouillon. Gebruik dezelfde kookwijze als bij risotto, geleidelijk bouillon toevoegend. Voeg, wanneer na ongeveer 30 minuten de gerst bijna gaar is, de kruiden en de helft van de spinazie toe, roer het goed door elkaar, haal de pan van het vuur en meng de yoghurt erdoor. Bedek enkele vormpjes met de overgebleven spinazieblaadjes, vul ze met de gerst, druk goed aan en keer de vorm om boven het bord. Dien op.*

# Orecchiette pasta with broccoli raab

## Orecchiette aux pousses de navet. *Orecchiette-pasta met raapstelen*

Difficulty

Time: 35 minutes

**400 g *orecchiette* pasta, 500 g broccoli raab, 4 anchovy fillets in oil, 60 g grated Parmesan cheese, 1 fresh chilli pepper, 30 ml extra virgin olive oil, salt, pepper**
Wash the broccoli raab and separate it into little florets. Heat the oil with the chilli pepper, then remove the pepper and break up the anchovy fillets in the pan over a low heat. Cook the pasta in boiling salted water and add in the broccoli raab half way through the cooking time. Drain the pasta and broccoli raab and toss it all in the pan with the anchovies. Sprinkle with the cheese and serve.

**400 g de *orecchiette*, 500 g de pousses de navet, 4 filets d'anchois à l'huile, 60 g de fromage parmesan râpé, du piment frais, 30 ml d'huile d'olive extra-vierge, du sel, du poivre**
Nettoyez les pousses de navet, lavez-les et séparez-les en petites têtes. Faites chauffer l'huile dans une poêle avec le piment, que vous enlèverez ensuite, et faites fondre à feu bas les filets d'anchois. Faites cuire les pâtes dans l'eau bouillante salée en ajoutant, vers la moitié de la cuisson, les pousses de navet. Egouttez les pâtes et les pousses de navet et passez le tout à la poêle avec les anchois pour donner de la saveur. Saupoudrez avec le fromage et servez.

***400 gr orecchiette-pasta, 500 gr raapstelen, 4 ansjovisfilets in olie, 60 gr geraspte Parmezaanse kaas, 1 vers chilipepertje, 30 ml extravergine olijfolie, zout, peper***
*Was de raapstelen en verdeel ze in kleine bosjes. Verhit de olie met het chilipepertje, verwijder het pepertje, en laat de ansjovisfilets uiteenvallen in de pan boven een laag pitje. Kook de pasta in kokend gezout water en voeg op de helft van de kooktijd de raapstelen toe. Giet de pasta met de raapstelen af en schep alles in de pan met de ansjovis. Besprenkel met de kaas en dien op.*

# Courgette parmigiana

## Parmigiana aux courgettes. *Courgette-parmigiana*

Difficulty Time: 45 minutes

**8 courgettes, 600 g tomato sauce, 400 g diced mozzarella, 20 basil leaves, 100 g grated Parmesan cheese, 30 g butter, salt, pepper**
Thinly slice the courgettes, brush them with a little oil and sear them on a hot griddle for a few minutes. In a buttered oven dish place a layer of courgettes, cover with a little tomato sauce, a few cubes of mozzarella and a few basil leaves, then start again with another layer of courgettes, and continue in this way until all the ingredients are finished, making sure to finish with a layer of courgettes. Top with the grated cheese and a few knobs of butter and bake in a preheated oven at 180° C for around 25 minutes.

**8 courgettes, 600 g de sauce tomate, 400 g de mozzarella en cubes, 20 feuilles de basilic, 100 g de fromage parmesan râpé, 30 g de beurre, du sel, du poivre**
Coupez en tranches fines les courgettes, badigeonnez-les avec un pinceau et un peu d'huile puis faites-les cuire sur une plaque brûlante pendant quelques minutes. Dans un plat à four beurré faites une première couche de courgettes, couvrez avec un peu de sauce tomate, quelques cubes de mozzarella et quelques feuilles de basilic ; recommencez avec une deuxième couche de courgettes et continuez jusqu'à la fin des ingrédients, en ayant soin de terminer avec les courgettes. Distribuez sur la *parmigiana* le fromage râpé et quelques noix de beurre et passez au four chaud à 180° C pendant environ 25 minutes.

***8 courgettes, 600 gr tomatensaus, 400 gr mozzarella in blokjes, 20 basilicumblaadjes, 100 gr geraspte Parmezaanse kaas, 30 gr boter, zout, peper***
*Snijd de courgettes in dunne plakjes, wrijf ze in met wat olie en grill ze boven een heet vuur gedurende enkele minuten. Leg een laagje courgette in een ingevette ovenschaal, bedek met een laagje tomatensaus, een paar blokjes mozzarella en enkele basilicumblaadjes, en herhaal dit tot alle ingrediënten zijn gebruikt. Zorg ervoor dat de laatste laag er een met courgette is. Bedek tot slot met de geraspte kaas en een paar klontjes boter en bak ongeveer 25 minuten in een op 180° C voorverwarmde oven.*

# Green ravioli

## Raviolis verts. *Groene ravioli*

Difficulty

Time: 70 minutes

**300 g flour, 3 eggs, 15 ml olive oil, 50 g boiled, finely chopped spinach, 250 g fresh goats cheese, 50 g grated Parmesan cheese, 150 g chopped pistachio nuts, 200 ml fresh cream, 1 sachet of saffron, salt, pepper**
Sieve the flour onto a large chopping board. Make a well in the centre and add the oil, spinach and 2 eggs, then knead together. Wrap the dough in a cloth and leave to rest. Mix the goats cheese with the pistachio nuts and an egg and season with salt and pepper. Roll the pasta out into a thin sheet, then place little dollops of filling on top and create ravioli of the desired shape. Heat the cream over a low heat, add the saffron and melt the Parmesan cheese into it. Cook the ravioli in boiling salted water, then drain and serve with the saffron cheese sauce.

**300 g de farine, 3 œufs, 15 ml d'huile d'olive, 50 g d'épinards bouillis et hachés finement, 250 g de fromage frais de chèvre, 50 g de fromage parmesan râpé, 150 g de pistaches broyées, 200 ml de crème fraiche, 1 sachet de safran, du sel, du poivre**
Tamisez la farine sur une planche à pâtisserie, formez un puits, ajoutez l'huile, les épinards et 2 œufs, puis pétrissez. Enveloppez la pâte obtenue dans un canevas et laissez-la reposer. Mélangez le fromage de chèvre avec les pistaches et un œuf et réglez de sel et de poivre. Tirez la pâte pour obtenir une feuille fine, mettez la farce et coupez des petits raviolis de la forme que vous préférez. Chauffez la crème fraîche a feu doux, parfumez-la avec le safran et faites-y fondre le fromage parmisan. Faites bouillir les raviolis dans l'eau bouillante salée, égouttez-les et assaisonnez-les avec la fondue au safran.

***300 gr bloem, 3 eieren, 15 ml olijfolie, 50 gr gekookte, fijngehakte spinazie, 250 gr verse geitenkaas, 50 gr geraspte Parmezaanse kaas, 150 gr gehakte pistachenootjes, 200 ml verse room, 1 zakje saffraan, zout, peper***
*Zeef de bloem boven een groot werkblad. Maak een kuiltje in het midden en schep daarin de spinazie, 2 eieren en de olie, en kneed dan alles goed door elkaar. Wikkel het deeg in een doek en laat het rusten. Mix de geitenkaas met de pistachenootjes en een ei en breng op smaak met zout en peper. Rol het pastadeeg uit tot een dun vel, schep kleine beetjes van de vulling erop en maak ravioli in de gewenste vorm. Verhit de room boven een laag pitje, voeg de saffraan toe en laat vervolgens de Parmezaanse kaas erin smelten. Kook de ravioli in kokend gezout water, giet af en dien op met de kaas-saffraansaus.*

# Nettle risotto

## Risotto aux orties. *Brandnetelrisotto*

Difficulty  Time: 35 minutes

**350 g rice, 2 shallots, 400 g nettle leaves, 100 ml dry white wine, 2 l vegetable stock, 100 g grated Parmesan cheese, butter, extra virgin olive oil, salt, pepper**
Brown the shallots in a little oil, wash and roughly chop the nettles (remember to wear gloves when handling them) then add them to the pan. Add the rice and toast it for a short time, then add the white wine, let it evaporate and cook the rice, gradually adding hot stock. Once cooked, remove from the heat and beat in the butter and grated cheese. Leave to rest for a couple of minutes then serve.

**350 g de riz, 2 échalotes, 400 g de feuilles d'orties, 100 ml de vin blanc sec, 2 l de bouillon végétal, 100 g de fromage parmesan râpé, du beurre, de l'huile d'olive extra-vierge, du sel, du poivre**
Rissolez l'échalote hachée dans un peu d'huile, ajoutez les orties (rappelez-vous d'utiliser des gants pour les manipuler), lavées et hachées grossièrement. Ajoutez le riz, faites-le toaster brièvement, mouillez avec le vin, faites-le évaporer et laissez cuire, en ajoutant graduellement du bouillon chaud. Quand la cuisson sera terminée, en dehors du feu, travaillez avec le beurre et le fromage, couvrez, laissez reposer pendant environ 2 minutes et servez.

***350 gr rijst, 2 sjalotjes, 400 gr brandnetelblaadjes, 100 ml droge witte wijn, 2 l groentebouillon, 100 gr geraspte Parmezaanse kaas, boter, extravergine olijfolie, zout, peper***
*Bruin de sjalot in een beetje olie, was de brandnetels, hak ze grof (denk aan handschoenen wanneer je de netels vastpakt) en gooi ze in de pan. Voeg de rijst toe en bak deze voor korte tijd mee, voeg dan de witte wijn toe en laat die verdampen. Kook de rijst gaar, geleidelijk hete bouillon erbij schenkend. Haal de pan van het vuur wanneer de rijst gaar is, roer de boter en de geraspte kaas erdoor, laat enkele minuutjes rusten en dien op.*

# Spinach souffle

## Flan aux épinards. *Spinaziesoufflé*

Difficulty Time: 85 minutes

**1 kg spinach, 80 g butter, 500 ml full fat milk, 40 g flour, 3 eggs, 50 ml vegetable stock, salt and pepper**
Clean the spinach and steam it, then squeeze out the water and chop it. Fry with a knob of butter to get rid of the moisture. In a saucepan make a white sauce with 60 g butter, 30 g flour and the milk. Then add the spinach to the white sauce, season with salt and pepper and add in the broth and egg yolks. Mix all the ingredients till the mixture is smooth, then beat the egg whites still stiff and fold them into the spinach mixture. Butter and flour ramekins and fill them with the mixture. Cook in a bain marie at 180° C for around 25 minutes.

**1 kg d'épinards, 80 g de beurre, 500 ml de lait entier, 40 g de farine, 3 œufs, 50 ml de bouillon végétal, du sel, du poivre**
Nettoyez les épinards et faites-les cuire à la vapeur ; égouttez-les bien et hachez-les, passez-les à la poêle avec une noix de beurre et faites-les bien essuyer. Dans une casserole préparez une béchamel avec 60 g de beurre, 30 g de farine et le lait ; amalgamez les épinards à la béchamel, assaisonnez avec le sel et le poivre et ajoutez le bouillon et les jaunes d'œufs. Mélangez bien tous les ingrédients jusqu'à obtenir une préparation homogène ; enfin montez les blancs en neige bien ferme et unissez-les à la préparation. Beurrez et farinez des petits moules d'une portion et remplissez-les avec le mélange. Faites cuire à bain marie au four à 180° C pendant environ 25 minutes.

***1 kg spinazie, 80 gr boter, 500 ml volle melk, 40 gr bloem, 3 eieren, 50 ml groentebouillon, zout en peper***
*Maak de spinazie schoon en stoom hem, pers het water eruit en hak hem fijn. Bak de gehakte spinazie met een klontje boter om het water te laten verdampen. Maak in een sauspan een witte saus van 60 gr boter, 30 gr bloem en de melk. Voeg dan de spinazie toe aan de saus, breng op smaak met zout en peper en voeg de bouillon en eierdooiers toe. Mix alle ingrediënten tot een glad mengsel, klop de eiwitten stijf en spatel ze door het spinaziemengsel. Vet amusekommetjes in en bestrooi ze met bloem en vul ze met het mengsel. Au bain-marie koken op 180° C voor ongeveer 25 minuten.*

# Asparagus and Parmesan salad

## *Salade d'asperge et de Parmesan.* Aspergesalade met Parmezaan

Difficulty

Time: 40 minutes

**1 bunch green asparagus, 1 bunch white asparagus, 1 Belgian endive, 150 g rocket, 100 g Parmesan cheese shavings, the juice of 1 lemon, extra virgin olive oil, 1 teaspoon mustard, salt, pepper**
Cook the two types of asparagus separately in boiling salted water, keeping the tips out of the water. Drain and cut into pieces, apart from the tips, which should be cut lengthwise if large or left whole if small. Wash and cut the endive and rocket into strips. Place the vegetables in a bowl, mix the lemon juice with the mustard, oil, salt and pepper and dress the salad. Toss and garnish with the Parmesan cheese shavings.

**1 botte d'asperges vertes, 1 botte d'asperges blanches, 1 tête d'endive, 150 g de roquette, 100 g de copeaux de fromage parmesan, 1 jus de citron, de l'huile d'olive extra-vierge, 1 petite cuillère de moutarde, du sel, du poivre**
Faites cuire séparément les deux types d'asperges, dans de l'eau bouillante salée, en maintenant les pointes hors de l'eau. Egouttez-les et coupez-les en bâtonnets, sauf les pointes que vous couperez dans le sens de la longueur si elles sont grandes et entières si elles sont petites. Lavez et coupez en lamelles l'endive et la roquette. Disposez tous les légumes dans une coupelle, délayez le jus de citron avec la moutarde, l'huile, le sel et le poivre, assaisonnez la salade, mélangez et décorez avec les copeaux de fromage parmesan.

***1 bosje groene asperges, 1 bosje witte asperges, 1 stronkje witloof, 150 gr rucola, 100 gr geschaafde Parmezaanse kaas, het sap van 1 citroen, extravergine olijfolie, 1 theelepel mosterd, zout, peper***
*Kook de twee variëteiten asperges afzonderlijk in kokend gezout water; zorg ervoor dat de topjes boven het water uitsteken. Giet de asperges af en snijd ze in stukjes, met uitzondering van de topjes die, indien groot, eventueel over de lengte doorgesneden kunnen worden. Was en snijd de andijvie en de rucola in reepjes. Schep de groenten in een kom, mix het citroensap met mosterd, olie, zout en peper en maak de salade op. Goed mengen en garneren met de geschaafde Parmezaanse kaas.*

# Green stew

## Daube verte. *Groene stoofpot*

Difficulty  Time: 50 minutes

**4 artichoke hearts, 3 onions, 500 g fresh fava beans, 350 g peas, 200 ml stock, 1 spoon demerara sugar, 40 ml cider vinegar, extra virgin olive oil, salt, pepper**
Thinly slice the onions and soften them in a little oil, before adding the artichokes cut into quarters. Season and add a little stock. Boil the fava beans and peas separately, then drain them and add them to the artichokes and cook together. Add the vinegar and sugar, season to taste with the salt and pepper, then reduce the cooking liquid. This stew can be served hot or cold, as a summer main course.

**4 cœurs d'artichaut, 3 oignons, 500 g de fèves fraîches, 350 g de petits pois, 200 ml de bouillon, 1 cuillère de sucre brut de canne, 40 ml de vinaigre de pommes, de l'huile d'olive extra-vierge, du sel, du poivre**
Coupez finement les oignons, faites-les revenir dans un peu d'huile, ajoutez les artichauts coupés en quartiers, salez et ajoutez un peu de bouillon. Faites bouillir séparément les fèves et les petits pois, égouttez-les, ajoutez-les aux artichauts et faites cuire le tout. Arrosez avec le vinaigre, saupoudrez de sucre, réglez de sel et de poivre, mélangez et faites légèrement épaissir le fond de cuisson. Cette daube peut être servie chaude ou froide, comme garniture estivale.

***4 artisjokharten, 3 uien, 500 gr verse tuinbonen, 350 gr erwten, 200 ml bouillon, 1 lepel ruwe rietsuiker, 40 ml ciderazijn, extravergine olijfolie, zout, peper***
*Snijd de uien in dunne plakjes en fruit ze in een beetje olie alvorens de in kwarten gesneden artisjok toe te voegen. Op smaak brengen en een beetje bouillon toevoegen. Kook de tuinbonen en erwten afzonderlijk, laat ze uitlekken, voeg ze toe aan de artisjok en laat alles samen koken. Voeg de azijn en de suiker toe, met zout en peper naar smaak, en laat vervolgens inkoken. De stoofpot kan zowel warm als koud worden geserveerd, als een zomers hoofdgerecht.*

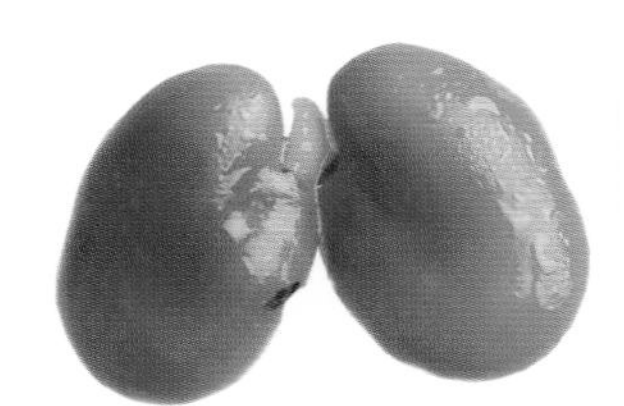

# Beef strips with broccoli

## Rubans de bœuf aux broccolis. *Rundvleesreepjes met broccoli*

Difficulty

Time: 35 minutes

**400 g slices of beef cut into strips, 400 g broccoli florets, 2 shallots, 1 clove garlic, white wine, 1 spoon curry powder, 30 g flour, 150 ml vegetable stock, extra virgin olive oil, salt, pepper**
Heat a little oil with the garlic, then remove the garlic and add the broccoli florets, salt and stock, and cook for at least 5 minutes. Remove from the heat and set aside. Mix the flour with the curry powder and use this mixture to coat the beef strips, shaking them to remove any excess flour. Heat a little oil in a frying pan, fry the thinly sliced shallots then add the beef strips. Pour in a little white wine and reduce, before seasoning with salt and pepper. Then add the broccoli and toss together rapidly before serving.

**400 g de petites tranches de viande de bœuf coupées en bandes, 400 g de pousses de broccolis, 2 échalotes, 1 gousse d'ail, du vin blanc, 1 cuillère de curry, 30 g de farine, 150 ml de bouillon végétal, de l'huile d'olive extra-vierge, du sel, du poivre**
Dans une poêle faites chauffer un peu d'huile avec l'ail, que vous enlèverez ensuite, ajoutez les pousses de broccolis, salez, arrosez avec le bouillon et faites cuire pour au moins 5 minutes ; enlevez du feu et réservez. Mélangez la farine avec le curry, farinez avec le mélange les bandes et secouez-les pour éliminer l'excédent de farine. Chauffez un peu d'huile dans une poêle, faites cuire à l'étouffée les échalotes coupées finement, ajoutez les petites bandes de viande, arrosez avec le vin blanc, réglez de sel et de poivre, puis les pousses de broccolis faites sauter rapidement et servez.

***400 gr rundvlees in reepjes, 400 gr broccoliroosjes, 2 sjalotjes, 1 teentje knoflook, witte wijn, 1 lepel kerriepoeder, 30 gr bloem, 150 ml groentebouillon, extravergine olijfolie, zout, peper***
*Verhit de knoflook in een beetje olie, verwijder het teentje en voeg de broccoliroosjes toe, met zout en bouillon, en laat minstens 5 minuten koken. Haal de pan van het vuur en zet hem aan de kant. Meng de bloem met het kerriepoeder en gebruik dit mengsel om het rundvlees te kruiden; schud overtollige bloem eraf. Verhit een beetje olie in een koekenpan, bak de in dunne plakjes gesneden sjalot en voeg dan de vleesreepjes toe. Schenk er een beetje witte wijn bij en laat inkoken alvorens het op smaak te brengen met zout en peper. Voeg tot slot de broccoli toe en meng alles door elkaar voor het opdienen.*

# Potatoes with pesto

## Pommes de terre au pistou. *Aardappelen met pesto*

**800 g new potatoes, 70 g basil, 2 spoons pine nuts, 1 clove garlic, 100 ml extra virgin olive oil, 70 g grated Parmesan cheese, salt, pepper**
Steam or boil the potatoes and set aside. Blend the basil, garlic, pine nuts and a pinch of salt and pepper for a few seconds, then gradually add the oil, blending till you get a smooth, creamy consistency. Put the mixture into a bowl, add the cheese and mix well. Dress the potatoes with the *pesto* and garnish with a few basil leaves to serve.

**800 g de pommes de terre nouvelles, 70 g de basilic, 2 cuillères de pignons, 1 gousse d'ail, 100 ml d'huile d'olive extra-vierge, 70 g de fromage parmesan râpé, du sel, du poivre**
Faites cuire les pommes de terre à la vapeur ou faites-les bouillir et réservez-les. Entre temps passez au mixer pour quelques secondes le basilic avec l'ail, les pignons, une pincée de sel et du poivre ; à ce moment là ajoutez graduellement de l'huile, en mixant jusqu'à obtenir une crème lisse et uniforme. Transférez dans une coupelle, ajoutez le fromage et mélangez bien. Assaisonnez les pommes de terre avec le pistou et servez en décorant avec des feuilles de basilic.

***800 gr nieuwe aardappelen, 70 gr basilicum, 2 lepels pijnboompitten, 1 teentje knoflook, 100 ml extravergine olijfolie, 70 gr geraspte Parmezaanse kaas, zout, peper***
*Stoom of kook de aardappelen en zet ze aan de kant. Doe basilicum, knoflook, pijnboompitten en een snufje zout in een blender voor een paar seconden, en voeg dan geleidelijk de olie toe tijdens het blenden totdat er een glad en romig mengsel is ontstaan. Schep dit mengsel in een kom, voeg de kaas toe en roer alles goed door elkaar. Maak de aardappelen op met de* pesto *en decoreer met een paar basilicumblaadjes voor het opdienen.*

# Broccoli in a spicy cream sauce

## *Broccolis à la crème épicée.* Broccoli in pittige roomsaus

Difficulty

Time: 50 minutes

**500 g broccoli florets, 100 ml fresh cream, 100 g grated Emmental, fresh ginger, 1 spoon cumin, 1 spoon coriander, 50 g butter, salt, pepper**
Wash and separate the broccoli florets, and steam or boil them in salted water, ensuring they stay fairly crunchy. In the meantime make the sauce: melt the butter, add the spices and grated ginger and cook for around 2 minutes. Season with salt and pepper, add the cream and remove from the heat to add half of the Emmental. Place the broccoli in a buttered oven dish, cover it with the sauce and sprinkle with the remaining Emmental. Brown in a preheated oven at 180° C for around 10 minutes.

**500 g de petites pousses de broccolis, 100 ml de crème fraîche, 100 g d'emmental râpé, du gingembre frais, 1 cuillère de cumin, 1 cuillère de coriandre, 50 g de beurre, du sel, du poivre**
Nettoyez et séparez les petites pousses de broccolis, faites-les cuire à la vapeur ou faites les bouillir dans l'eau salée, maintenez-les plutôt croquantes. Entre temps préparez la crème : faites fondre le beurre et ajoutez les épices et le gingembre râpé, faites cuire pendant environ 2 minutes, réglez de sel et de poivre, ajoutez la crème fraîche et complétez en unissant, en dehors du feu, la moitié de l'emmental. Disposez les broccolis dans un plat à four beurré, couvrez-les avec la sauce et saupoudrez avec l'emmental restant. Faites gratiner au four réchauffé à 180° C pendant environ 10 minutes.

***500 gr broccoliroosjes, 100 ml verse room, 100 gr geraspte Emmental, verse gember, 1 lepel komijn, 1 lepel koriander, 50 gr boter, zout, peper***
*Was de broccoliroosjes, verdeel ze, en stoom of kook ze in gezout water; let erop dat ze redelijk knapperig blijven. Bereid ondertussen de saus voor: smelt de boter, voeg de kruiden en de geraspte gember toe, en laat ongeveer 2 minuutjes koken. Zout en peper naar smaak toevoegen, vervolgens de room erdoor roeren, van het vuur halen en de helft van de Emmental toevoegen. Schep de broccoli in een ingevette ovenschaal, bedek met de saus en verdeel de rest van de Emmental erover. Ongeveer 10 minuten laten bruinen in een voorverwarmde oven op 180 °C.*

# Mixed salad with curry dressing

## Grande salade parfumée au curry. *Gemengde salade met kerriedressing*

Difficulty  Time: 15 minutes

**100 g valerian salad leaves, 1 lettuce, 1 bunch of rocket, 2 courgettes, 5-6 cherry tomatoes, 1/2 green pepper, 100 g blanched peas, 150 g natural yoghurt , 1 spoon mayonnaise, 2 teaspoons curry powder, 2 spoons olive oil, salt**
Wash the vegetables, break up the lettuce and the rocket, cut the courgette and pepper into strips and the tomatoes into slices, and place all these ingredients into a salad bowl. Mix the curry powder into the yoghurt , then add the mayonnaise and the oil and taste for salt. Toss the salad in the prepared dressing and serve.

**100 g de valériane, 1 tête de laitue, 1 bouquet de roquette, 2 courgettes, 5-6 petites tomates, 1/2 poivron vert, 100 g de petits pois ébouillantés, 150 g de yaourt naturel, 1 cuillère de mayonnaise, 2 petites cuillères de curry, 2 cuillères d'huile d'olive, du sel, du poivre**
Lavez les légumes, déchiquetez la laitue et la roquette, coupez les courgettes et le poivron en filet, les petites tomates en quartiers et réunissez le tout dans un saladier. Délayez le curry avec le yaourt, émulsionnez avec la mayonnaise et l'huile et réglez de sel. Assaisonnez la salade avec la petite sauce préparée et servez.

***100 gr veldsla, 1 kropsla, 1 bosje rucola, 2 courgettes, 5-6 kerstomaatjes, 1/2 groene paprika, 100 gr geblancheerde erwten, 150 gr natuuryogurt, 1 lepel mayonaise, 2 theelepels kerriepoeder, 2 lepels olijfolie, zout***
*Was de groenten, scheur de sla en de rucola in stukken, snijd de courgette en de paprika in reepjes, en schep al deze ingrediënten in een slakom. Meng het kerriepoeder door de yoghurt, voeg dan de mayonaise en de olie toe en proef of er nog wat zout bij moet. Schep de salade door de voorbereide dressing en dien op.*

# Chicken with rocket

## Poulet à la roquette. *Kip met rucola*

Difficulty

Time: 40 minutes

**2 chicken breasts, 100 ml dry white wine, 1 bunch of fresh rocket, 50 ml extra virgin olive oil, 40 g pine nuts, fresh mint, salt, pepper**
Blend the rocket with the pine nuts and the oil to create a creamy, fairly runny sauce. Season with salt and pepper and set aside. Brush the chicken breasts with a little oil and brown over a high heat, then add the wine, season with salt and pepper and leave to cool. Cut the chicken breasts into strips, dress with the rocket sauce, garnish with mint leaves and serve.

**2 blancs de poulet, 100 ml de vin blanc sec, 1 bouquet de roquette fraîche, 50 ml d'huile d'olive extra-vierge, 40 g de pignons, de la menthe fraîche, du sel, du poivre**
Passez au mixer la roquette avec les pignons et l'huile afin d'obtenir une sauce crémeuse et plutôt fluide, réglez de sel et de poivre et réservez. Faites cuire dans une poêle à feu vif les blancs de poulet badigeonnés avec un peu d'huile, mouillez avec le vin blanc, laissez évaporer, salez et poivrez et faites refroidir. Coupez les blancs de poulet en lamelles, assaisonnez-les avec la sauce à la roquette, décorez avec des petites feuilles de menthe et servez.

***2 kipfilets, 100 ml droge witte wijn, 1 bosje verse rucola, 50 ml extravergine olijfolie, 40 gr pijnboompitten, verse munt, zout, peper***
*Doe rucola, pijnboompitten en de olie in de blender en maak een romige, redelijk dunne saus. Voeg naar smaak zout en peper toe en zet aan de kant. Wrijf de kipfilets in met wat olie en bak ze boven een hoog vuur bruin, voeg dan de wijn toe, breng op smaak met zout en peper en laat de kip afkoelen.*
*Snijd de kip in reepjes, meng ze met de rucolasaus, garneer met munt en dien op.*

# Turkey and asparagus roulade

## Roulades de dindonneau aux asperges. *Kalkoen-asperge-rolletjes*

Difficulty  Time: 70 minutes

**8 slices of turkey breast, 500 g trimmed asparagus, 500 g cherry tomatoes, 100 ml dry white wine, fresh thyme, 1 teaspoon demerara sugar, extra virgin olive oil, salt, pepper**
Wash the tomatoes and place them in an oven dish, season with the sugar, salt, pepper and a drizzle of oil and caramelize them in a preheated oven at 100° C for around an hour. Blanch the asparagus, ensuring it stays crunchy. Lightly beat the turkey slices with a meat pounder, salt them and place the asparagus on top. Roll up the slices and tie them with kitchen string. Brown the roulades in a little oil, add the white wine and cook them. Serve accompanied with the cherry tomatoes, and garnish with a few leaves of thyme.

**8 suprêmes de dindonneau, 500 g d'asperges propres, 500 g de tomates cerises, 100 ml de vin blanc sec, du thym frais, 1 petite cuillère de sucre brut de canne, de l'huile d'olive extra-vierge, du sel, du poivre**
Distribuez les tomates lavées sur un plat à four, assaisonnez-les avec le sucre, le sel, le poivre et un filet d'huile et faites-les caraméliser au four réchauffé à 100° C pendant environ une heure. Ebouillantez brièvement les asperges, en les maintenant croquantes, Battez légèrement les tranches de dindonneau, salez-les, farcissez-les avec les asperges, roulez-les et liez-les avec de la ficelle de cuisine. Rissolez les roulades dans un peu d'huile, arrosez avec le vin blanc et faites-les cuire. Servez accompagnées des tomates, en décorant avec les petites feuilles de thym.

***8 plakken kalkoenfilet, 500 gr afgesneden asperges, 500 gr kerstomaatjes, 100 ml droge witte wijn, verse tijm, 1 theelepel ruwe rietsuiker, extravergine olijfolie, zout, peper***
*Was de tomaten en leg ze in een ovenschaal, strooi suiker, zout en peper erover en voeg wat olie toe; laat de tomaten een uur karamelliseren in een op 100° C voorverwarmde oven. Blancheer de asperges, maar let erop dat ze nog wel knapperig blijven. Klop licht met een vleeshamer op de kalkoenplakken, strooi wat zout erover en leg de asperge erop. Rol de plakjes met kalkoen en asperge op en bind dicht met keukendraad. Laat de rolletjes bruinen in wat olie, voeg de wijn toe en kook ze. Bij het opdienen de kerstomaatjes erbij serveren en garneren met een paar blaadjes tijm.*

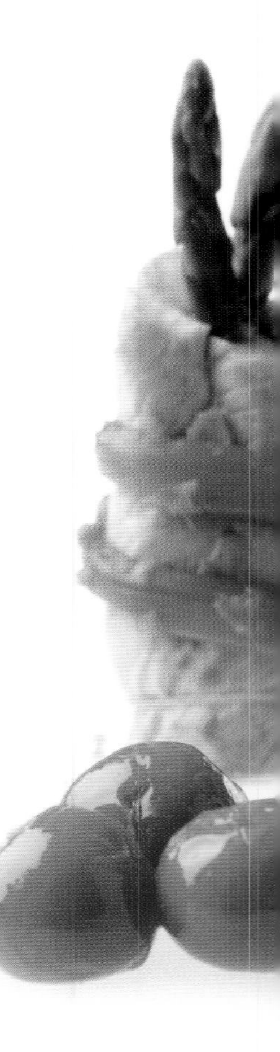

# Kiwi tartlets

## Tartelettes au kiwi. *Kiwitaartjes*

Difficulty

Time: 55 minutes

**250 g sweetcrust pastry, 500 g confectioner's cream, 250 g raspberry jam, 150 g biscuits, 4 kiwis, 1 packet fruit glaze**

Butter and flour 6 tartlet tins, around 10 cm in diameter, then line them with the pastry. Prick the pastry with a fork and bake in a hot oven at 170° C for around 10 minutes. Leave to cool then spread jam on the bottom of the pastry case, cover with the crushed biscuits and finish off with a generous dollop of confectioner's cream. Prepare the glaze following the instructions on the packet. Peel and thinly slice the kiwi, arrange the slices on the tartlets in a sunburst pattern, and brush with a small quantity of glaze.

**250 g de pâte brisée, 500 g de crème pâtissière, 250 g de confiture de framboises, 150 g de biscuits secs, 4 kiwis, 1 sachet de gélatine pour gâteaux**

Tapissez avec la pâte brisée 6 petits moules à tartelettes de 10 cm de diamètre beurrés et farinés. Trouez la pâte avec une fourchette et faites cuire à four chaud à 170° C pendant environ 10 minutes. Faites refroidir, badigeonnez le fond avec une couche fine de confiture, couvrez avec la poudre de biscuits et terminez avec une abondante cuillère de crème pâtissière. Préparez la gélatine en suivant les instructions de la confection, Epluchez et coupez finement le kiwi, farcissez les tartelettes avec les tranches, disposées en cercle et badigeonnées avec un peu de gélatine tiède.

***250 gr kruimeldeeg, 500 gr banketbakkersroom, 250 gr frambozenjam, 150 gr koekjes, 4 kiwi's, 1 pakje fruitglazuur***

*Vet 6 taartblikjes met een diameter van ongeveer 10 cm in met boter, bestrooi ze met bloem, en bekleed ze vervolgens met het deeg. Prik gaatjes in het deeg met een vork en bak de taartvormpjes in een hete oven ongeveer 10 minuten op 170° C. Laat ze afkoelen en smeer vervolgens jam over de bodem van de deegvorm, bedek dit met de verkruimelde koekjes en tot slot een flinke lepel banketbakkersroom. Prepareer de glazuur volgens de instructies op de verpakking. Schil de kiwi en snijd hem in dunne schijfjes, verdeel deze schijfjes over de taartjes in een sterrenpatroon, en strijk er een dun laagje glazuur overheen.*

# Apples with Calvados mousse

## Pommes à la mousse de Calvados. *Appels met Calvados-mousse*

Difficulty  Time: 65 minutes

**6 green apples, the juice of 1 lemon, 4 spoons Calvados, 4 egg yolks, 150 g sugar, 500 ml fresh cream**
Hollow out 4 apples using a melon baller, to create "bowls". Cook the apple flesh with a little water and half of the sugar, then sieve and leave to cool. Take the two remaining apples and cut 12 good slices for decorating, and some cubes of flesh, and drizzle them with the lemon juice and Calvados. Over a pan of hot water beat the egg yolks with the remaining sugar, add the cooked apple and diced apple and a few spoons of the marinade. Whip the cream and beat it into the mixture once it has cooled. Fill the apple bowls with the mousse and leave in the freezer for at least 2 hours. Decorate with the slices of apple and serve.

**6 pommes vertes, 1 jus de citron, 4 cuillères de Calvados, 4 jaunes d'œufs, 150 g de sucre, 500 ml de crème fraîche**
Creusez 4 pommes avec un économe de façon à obtenir des «coupelles». Faites cuire la pulpe que vous avez récupérée avec un peu d'eau et la moitié du sucre, passez-la au tamis et faites-la refroidir. Des deux pommes restantes coupez 12 belles tranches pour décorer et des cubes de pulpe, mouillez-les avec le jus de citron et le Calvados. Montez à chaud les jaunes d'œufs avec le sucre restant, ajoutez la purée et les cubes de pomme et quelques cuillères de marinade. Montez la crème fraîche et incorporez-la à la préparation désormais froide. Remplissez les coupelles de pomme avec la mousse et passez-la au congélateur pendant au moins 2 heures. Décorez avec les tranches de pomme et servez.

***6 groene appels, het sap van 1 citroen, 4 lepels Calvados, 4 eierdooiers, 150 gr suiker, 500 ml verse room***
*Maak "bokaaltjes" door 4 appels uit te hollen met een meloenboor. Kook het appelvruchtvlees in een beetje water met de helft van de suiker, zeef het en laat het afkoelen. Neem de twee overgebleven appels en snijd 12 mooie plakken voor de decoratie, en een paar blokjes vruchtvlees, en besprenkel dit alles met citroensap en Calvados. Klop de eierdooiers met de overgebleven suiker boven een pan kokend water, voeg de gekookte appel en de appelblokjes toe, samen met een paar lepels van de marinade. Klop de room en mix die door het mengsel wanneer dat is afgekoeld. Vul de appelbokaaltjes met de mousse en zet ze minstens 2 uren in de diepvries. Decoreer met de appelschijfjes en dien op.*

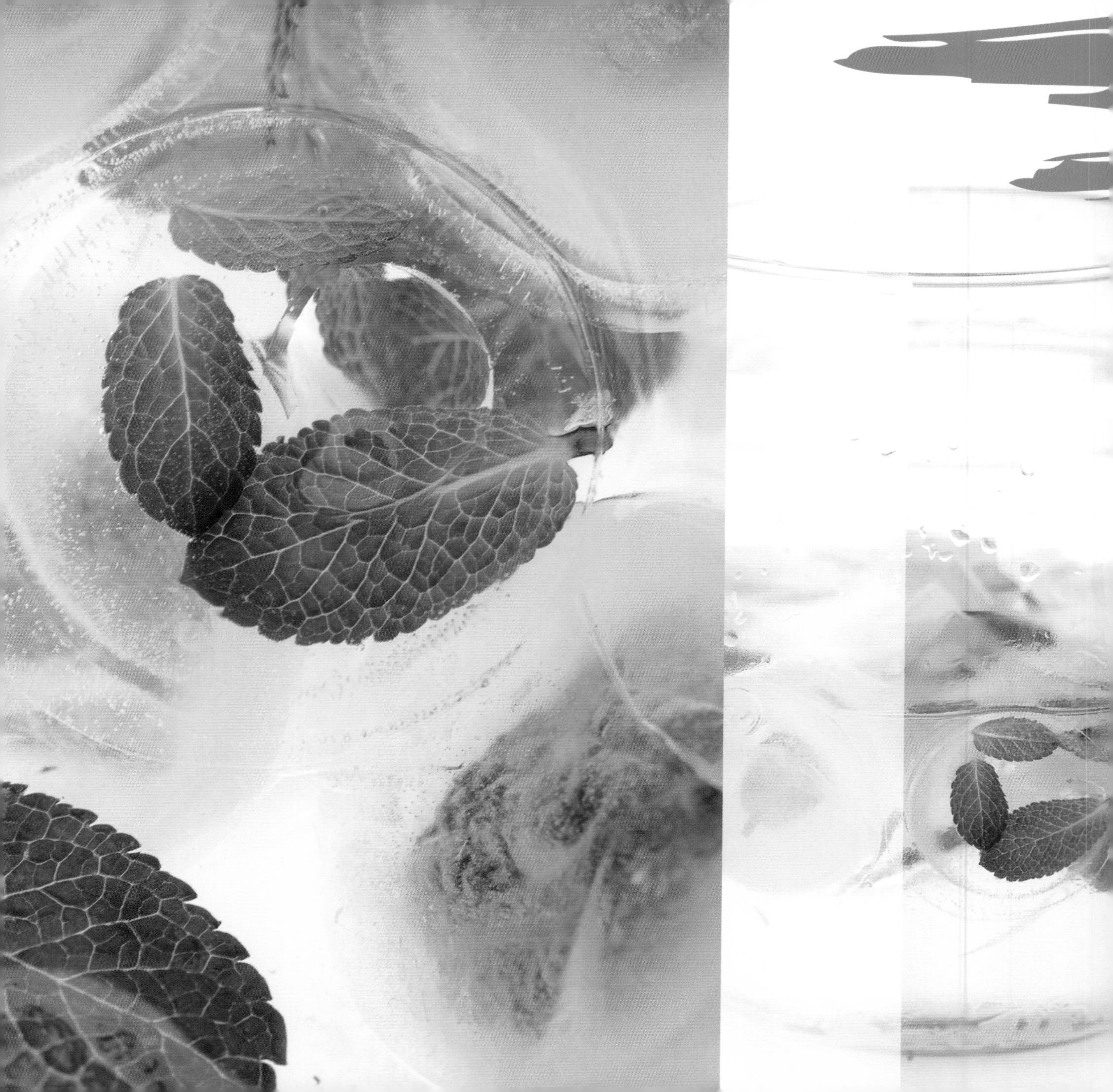

# Mint ice cubes

## Glaçons à la menthe. *Munt-ijsklontjes*

Difficulty

Time: 20 minutes

**500 ml mineral water, 100 g sugar, 5 drops peppermint extract, 40 mint leaves**
Bring the sugar and water to the boil, removing any foam if necessary, then remove from heat, add the mint extract and leave to cool. Pour the syrup into ice cube trays of your chosen size and shape, and put a mint leaf, previously washed and dried, into each compartment. Leave in the freezer for at least 4 hours. Mint ice cubes can be used to transform a simple glass of water into a refreshing drink, or to decorate cocktails.

**500 ml d'eau minérale, 100 g de sucre, 5 gouttes d'essence de menthe poivrée, 40 feuilles de menthe**
Dans une petite casserole faites bouillir l'eau et le sucre, écumez si nécessaire, enlevez du feu, ajoutez l'essence de menthe et faites refroidir. Versez le sirop ainsi obtenu dans des moules à glaçons de la forme et dimension que vous préférez, insérez dans chaque forme une feuille de menthe précédemment lavée et essuyée. Passez au congélateur pendant au moins 4 heures. Utilisez les petits cubes ainsi obtenus pour transformer un simple verre d'eau en une boisson rafraichissante et pour décorer vos cockails.

***500 ml mineraalwater, 100 gr suiker, 5 druppel pepermuntextract, 40 muntblaadjes***
*Breng de suiker met het water aan de kook, en schep eventueel schuim dat zich vormt eraf. Haal van het vuur, voeg het muntextract toe en laat afkoelen. Schenk de siroop in vormpjes voor ijsblokjes van elke gewenste vorm, en leg in elk vakje een eerder gewassen en gedroogd muntblaadje. Zet de ijsklontjes minstens 4 uren in de vriezer. Muntijsblokjes kunnen een eenvoudig glas water omtoveren in een verfrissende drank, en zijn ook heel geschikt om cocktails mee te decoreren.*

# Pistachio pesto

## Pistou de pistaches. *Pistachepesto*

Difficulty  Time: 15 minutes

**100 g pistachio nuts, 40 g pine nuts, 60 g almonds, 60 g grated Parmesan cheese, 20 basil leaves, 10 g parsley, extra virgin olive oil, salt, pepper**
Chill the blender glass in the fridge for around 30 minutes before using, then blend the nuts with the basil leaves and parsley, adding a little oil in a fine stream. Once you have a smooth, creamy consistency, add the cheese and season with salt and pepper. The *pesto* can be kept in a sealed jar in the fridge for around 10 days, and makes an excellent sauce for pasta or rice, or a dressing for a green salad.

**100 g de pistaches, 40 g de pignons, 60g d'amandes, 60 g de fromage parmesan râpé, 20 feuilles de basilic, 10 g de persil, de l'huile d'olive extra-vierge, du sel, du poivre**
Faites refroidir dans le réfrigérateur pendant environ 30 minutes le bol du mixer ; puis utilisez-le pour mixer les fruits secs avec les feuilles de basilic et le persil, en ajoutant un filet d'huile peu à peu. Quand vous aurez obtenu une crème lisse ajoutez aussi le fromage et réglez de sel et de poivre. Le pistou ainsi obtenu peut être conservé au réfrigérateur, dans de petits pots à fermeture hermétique, pendant environ 10 jours. C'est un très bon assaisonnement pour les pâtes, le riz ou pour donner de la saveur à une salade verte.

***100 gr pistachenootjes, 40 gr pijnboompitten, 60 gr amandelen, 60 gr geraspte Parmezaanse kaas, 20 basilicumblaadjes, 10 gr peterselie, extravergine olijfolie, zout, peper***
*Koel de beker van de blender voor gebruik ongeveer 30 minuten in de koelkast, en blend vervolgens de noten met de basilicumblaadjes en de peterselie, geleidelijk en in kleine beetjes de olie toevoegend. Voeg, wanneer de* pesto *een gladde, romige consistentie heeft, de Parmezaanse kaas toe en breng op smaak met zout en peper. De* pesto *kan ongeveer 10 dagen bewaard worden in een afgesloten pot in de koelkast en is een perfecte saus voor pasta of rijst, of als dressing voor een groene salade.*

# Pistachio shots

## Petits verres à la pistache. *Pistacheborreltjes*

Difficulty

Time: 45 minutes

**500 ml milk, 3 eggs, 100 g sugar, 125 g pistachio nuts, a few drops of vanilla essence, whipped cream**
Bring the milk to the boil with the vanilla essence and the finely chopped pistachio nuts. In the meantime beat the egg yolks with the sugar, then add the milk in a fine stream and return to the heat. Cook gently over a low heat, whisking for around 5 minutes, without letting it come to the boil, then leave to cool. Beat the egg whites till firm and fold them into the mixture once it has cooled completely. Pour the mixture into shot glasses and freeze for at least 2 hours. Decorate with chopped pistachios and whipped cream.

**500 ml de lait, 3 œufs, 100 g de sucre, 125 g de pistaches, 1 sachet de vanilline, crème fouettée**
Dans une petite casserole faites bouillir le lait avec la vanilline et les pistaches broyées finement. Entre temps montez les jaunes d'œufs avec le sucre, puis ajoutez le lait peu à peu et remettez sur le feu. Faites cuire à feu doux, en mélangeant avec un fouet pendant environ 5 minutes, sans jamais faire bouillir, et faites refroidir. Montez les blancs en neige bien ferme et ajoutez-les à la crème désormais froide. Versez la préparation dans des petits verres à liqueur et mettez-les au congélateur pendant au moins 2 heures. Décorez avec des pistaches broyées et un peu de crème.

***500 ml melk, 3 eieren, 100 gr suiker, 125 gr pistachenootjes, een paar druppels vanille-essence, slagroom***
*Breng de melk aan de kook met de vanille-essence en de fijngehakte pistachenootjes. Klop intussen de eierdooiers met de suiker, voeg dan langzaam de melk toe en zet op het vuur. Langzaam verwarmen op een laag pitje gedurende 5 minuten onder voortdurend roeren met een garde, zonder te laten koken, en laat vervolgens afkoelen. Klop de eiwitten stijf en spatel ze door het volledig afgekoelde mengsel. Schenk het mengsel in borrelglaasjes en zet deze minstens 2 uren in de vriezer. Decoreer met gehakte pistaches en slagroom.*

# Recipes Recettes *Recepten*

Pea soup
Crème aux petits pois
*Erwtensoep* 32

Ricotta ramekins with basil sauce
Petits flans de ricotta à la sauce au basilic
*Ricotta in basilicumsaus uit de oven* 34

Mojito
Mojito
*Mojito* 36

Cucumber boats with feta
Barquettes de concombre avec feta
*Komkommerschuitjes met feta* 38

Cherry tomatoes with artichokes
Tomates cerises avec artichauts
*Kerstomaat met artisjokken* 40

Courgette boats
Barquettes de courgettes
*Courgetteschuitjes* 42

Celery salad in a mustard dressing
Salade de céleri à la moutarde
*Selderijsalade met mosterddressing* 44

Tabouleh
Tabuleh
*Tabouleh* 46

Chilled pepper and avocado mousse
Mousse glacée de poivrons et avocats
*Bevroren paprika-avocado mousse* 48

Pennette pasta with courgettes
Pennette aux courgettes
*Pennette-pasta met courgettes* 50

Fava bean puree
Purée aux fèves
*Tuinbonenpuree* 52

Barley with spring vegetables
Orge aux parfums de printemps
*Parelgerst met lentegroentjes* 54

Orecchiette pasta with broccoli raab
Orecchiette aux pousses de navet
*Orecchiette-pasta met raapstelen* 56

Courgette parmigiana
Parmigiana aux courgettes
*Courgette-parmigiana* 58

Green ravioli
Raviolis verts
*Groene ravioli* 60

Nettle risotto
Risotto aux orties
*Brandnetelrisotto* 62

Spinach souffle
Flan aux épinards
*Spinaziesoufflé* 64

Asparagus and Parmesan salad
Salade d'asperge et de Parmesan
*Aspergesalade met Parmezaan* 66

Green stew
Daube verte
*Groene stoofpot* 68

Beef strips with broccoli
Rubans de bœuf aux broccolis
*Rundvleesreepjes met broccoli* 70

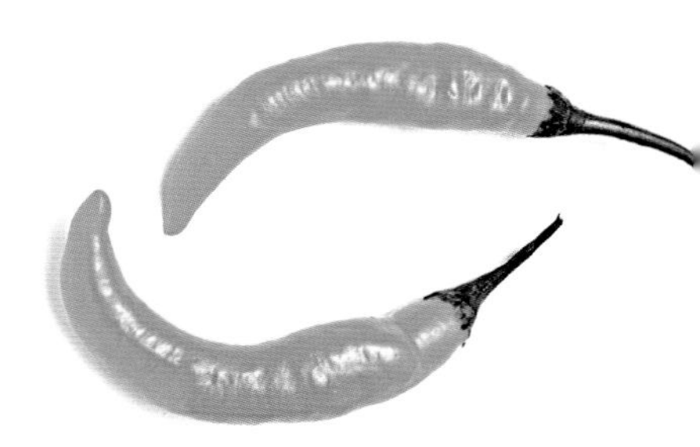


Potatoes with pesto
Pommes de terre au pistou
*Aardappelen met pesto* 72

Broccoli in a spicy cream sauce
Broccolis à la crème épicée
*Broccoli in pittige roomsaus* 74

Mixed salad with curry dressing
Grande salade parfumée au curry
*Gemengde salade kerriedressing* 76

Chicken with rocket
Poulet à la roquette
*Kip met rucola* 78

Turkey and asparagus roulade
Roulades de dindonneau aux asperges
*Kalkoen-asperge-rolletjes* 80

Kiwi tartlets
Tartelettes au kiwi
*Kiwitaartjes* 82

Apples with Calvados mousse
Pommes à la mousse de Calvados
*Appels met Calvados-mousse* 84

Mint ice cubes
Glaçons à la menthe
*Munt-ijsklontjes* 86

Pistachio pesto
Pistou de pistaches
*Pistachepesto* 88

Pistachio shots
Petits verres à la pistache
*Pistacheborreltjes* 90

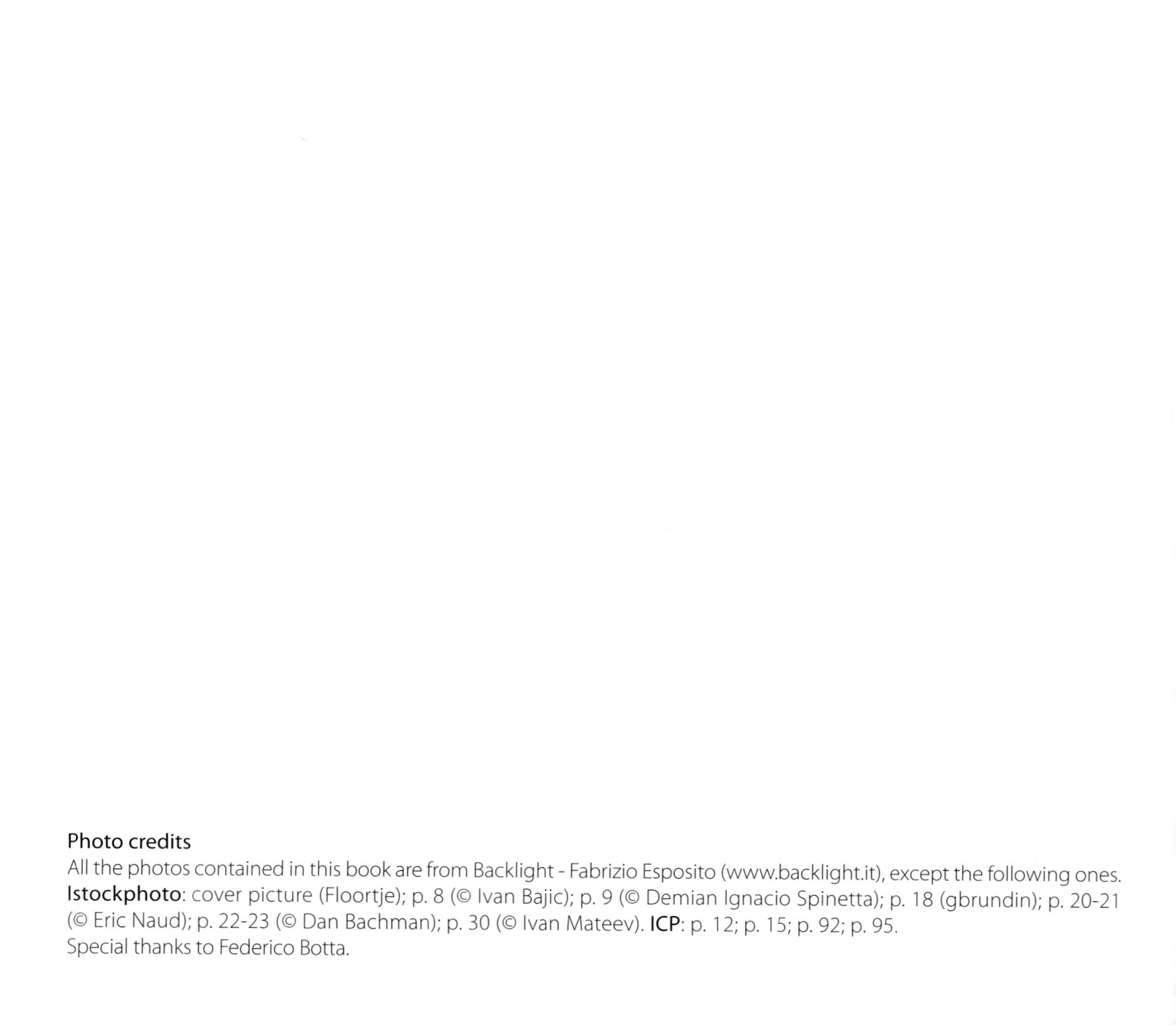

**Photo credits**
All the photos contained in this book are from Backlight - Fabrizio Esposito (www.backlight.it), except the following ones. **Istockphoto**: cover picture (Floortje); p. 8 (© Ivan Bajic); p. 9 (© Demian Ignacio Spinetta); p. 18 (gbrundin); p. 20-21 (© Eric Naud); p. 22-23 (© Dan Bachman); p. 30 (© Ivan Mateev). **ICP**: p. 12; p. 15; p. 92; p. 95.
Special thanks to Federico Botta.